新疆高校职业生涯规划教育现状及对策研究

曹　辉　方　忆　主　编
杜文军　马　晶　石　剑　副主编

中国农业出版社
北　京

前　言

我国高等教育经过20年的快速发展，已经实现了从“精英化”向“大众化”的伟大转变，越来越多的青年学生可以进入高校学习深造，上大学已经不是少数人的奢望了。但高等教育大众化的进程也伴生出很多社会问题，如大学生就业难、人才供给和社会需求之间的结构性矛盾突出，人才随资本更多地流向经济发达地区，东西部地区人才竞争日趋激烈，等等。与此同时，应试教育的巨大惯性和生涯教育的缺失，使得部分在校大学生缺乏自我认知，缺少对职业的了解，缺乏对未来发展的思考，职业生涯规划意识淡漠，学习目标不明确，学习动力不强劲，创新意识和创新能力欠缺，导致进入社会的综合竞争力不足，进一步加剧了就业压力。

20世纪70年代，伴随着美国经济主体由工业经济向知识经济转化，人力资源开发成为了知识经济时代美国促进经济发展的重要战略。在此背景下，美国高校掀起的职业生涯教育发挥了巨大作用，为社会输送了大量优秀人才，受到美国联邦政府、社会组织和高等教育机构的关注。很多发达国家都在本国经济发展转型的过程中，在教育领域开展了生涯教育工作，并取得了良好效果。当前，我国经济社会发展也面临着重大变革，经济结构调整、产业转型升级，大众创业万众创新的热潮需要更多的优秀人才参与国家建设，激发社会活力，高等教育和高校有着不可推卸的责任和使命。

职业生涯规划教育是社会发展到一定阶段的必然产物，是经济社会发展对全面提高学生素质的客观要求，是深化教育改革的需要，也是实现受教育者自我完善和可持续发展的需要，更是对“以生为本”

教育理念的诠释。同时，职业生涯规划教育对提升高校人才培养质量、缓解就业压力、改进大学生思想政治教育、创造更多就业机会都有着积极作用。为此，国家出台了很多政策措施，其中教育部办公厅印发的《大学生职业发展与就业指导课程教学要求》（教高厅［2007］7号）的通知，要求所有高校开设职业发展与就业指导课程，并作为公共必修课纳入教学计划当中，贯穿学生从入学到毕业的全过程。这一文件的下发，标志着我国高校大学生职业生涯规划教育全面铺开。经过十余年的发展，我国高校职业生涯规划教育取得了初步成效，人才培养质量有了很大提升，就业结构性矛盾逐渐缓解，但仍存在很多问题，需要我们拿出时间和精力进行梳理和总结。

新疆地处祖国西北边陲，作为我国一个少数民族地区，在我国经济发展和社会稳定大局中具有非常重要的战略地位。由于受各种因素的影响，目前新疆经济社会发展和教育水平相对内地还存在较大的差距，南北疆经济社会发展仍不平衡，高素质人才引进困难，高校毕业生就业压力较大，结构性就业矛盾比较突出，南疆经济社会发展对人才的需求迫切等。新疆高校作为人才聚集的高地，承担着“人才培养、科学研究、社会服务和文化传承”的重要职责，在国家“一带一路”倡议、“双一流”大学建设的发展机遇下，必须大胆改革创新，更新教育理念，充分结合新疆社会发展的需要，落实立德树人的根本任务，坚持学生为本的教育理念，把职业生涯规划教育作为人才培养的重要途径和学生思想政治教育的切入点，贯穿学生发展的全过程。要用新疆精神、兵团精神、胡杨精神把学生的个人成长和新疆的社会发展紧密结合，融入学生学习、生活的点点滴滴。用新疆和兵团特有的文化内涵，帮助各族学生树立正确的人生观、价值观、职业观和发展观，激发学生的学习热情和家国情怀，提升高校人才培养质量，为新疆社会稳定和长治久安总目标的实现做出贡献。

本课题研究是在对国内外职业生涯规划教育研究成果的基础上，以南北疆的19所高校及在校师生为研究对象，以职业生涯规划教育实施过程为研究内容。通过问卷调查，走访座谈，在宏观层面对各高校就业指导部门的具体工作、在校师生对职业生涯规划教育的认识评价进行了解。同时对政府出台的各项政策文件，用人单位对高校人才培养和职业生涯规划教育工作也进行了调查和总结，初步掌握了新疆高校职业生涯规划教育的基本情况。在微观层面，研究设计了《新疆高校大学生生涯成熟度问卷》，从生涯认知、生涯态度和生涯行动 3 个维度的一阶因子和 12 个二阶因子设计了 54 个问题，并在石河子大学进行测试，收到 889 份问卷，根据问卷分析研究大学生生涯成熟的影响因素。最终结合宏观调查和微观分析，概括总结出新疆高校职业生涯规划教育的特点、存在的问题，并对如何加强和改进职业生涯规划教育提出了相应的对策和建议。

课题研究主要分为七个部分。第一部分是职业生涯规划教育的相关概念；第二部分是国外职业生涯规划教育的基本情况；第三部分是国内职业生涯规划教育的基本情况；第四部分是新疆高校职业生涯规划教育的基本情况；第五部分是石河子大学学生生涯成熟度调查情况；第六部分是新疆高校职业生涯规划教育的特点及存在的问题；第七部分是加强新疆高校职业生涯规划教育的对策建议。

目　录

引　言

一、研究背景

自1999年开始，高等院校的扩招开启了我国高等教育由“精英化”向“大众化”转变的伟大历史进程。经过20多年快速发展，我国高等教育在实现跨越式发展的同时，也带来了很多现实问题。如高校的多年扩招直接导致办学资源的短缺，教学管理质量有所下滑，尤其是大学毕业生就业面临前所未有的压力。2003年扩招的第一批大学生走向社会，毕业生总数为212万人，2005年高校毕业生总数为338万人，就业率71%；2007年高校毕业生495万人，就业率70%；2009年高校毕业生611万人，就业率68%；2010年高校毕业生总数为630万人，2015年高校毕业生总数为749万人，2017年高校毕业生为795万人，2019年高校毕业生834万人。当前全球经济低迷，国家经济发展降速，劳动力市场不健全，企业用人机制不够灵活，高校专业设置不尽合理，使得高校大学毕业生就业压力巨大，其就业结构性矛盾非常突出。

我国现行的人才选拔制度和应试教育具有强大惯性，教育的金字塔模型凸显出普通高等教育的内在价值和现实意义。高考的指挥棒还在统揽着各级教育的终极目标，职业教育还没有被学生、家长和社会充分认可，普通高中单纯追求上线率，学生和家长一味地追求上名牌大学。千军万马挤独木桥的现状还将持续，而这一现象已经前置到了幼儿教育。“不能让孩子输在起跑线上”的教育理念已经被社会和家长全然接受。这种单一的、线性的教育理念，让孩子们从小就失去了自我。这样的教育理念和教育模式，严重制约了人才的发展和成长，限制了人的潜力，造成了教育资源和人力资源浪费，对此我们必须高度重视。

2014年夏季达沃斯论坛开幕式上，中国国务院总理李克强发表重要致辞，指出“只要大力破除对个体和企业创新的种种束缚，形成‘人人创新’

‘万众创新’的新局面，中国发展就能再上新水平。”继而在2015年“两会”政府工作报告中，李克强总理再次提到要“把亿万人民的聪明才智调动起来，就一定能够迎来万众创新的新浪潮。”由此，“大众创业、万众创新”的新浪潮开始引发公众关注，成为新常态下经济发展的“双引擎”之一。高校作为人才培养和供给高地，在“双创”教育的背景下，必须认清自己的角色和定位，结合自身的办学宗旨和办学特色来探索符合自身特点的教育模式。在这一过程中，必须要把职业生涯教育作为一个前置的环节充分落实，让学生充分地认识自我、了解专业、积极探索职业世界，把自己的职业理想、职业能力和具体的职业角色对接在一起，实现人职匹配，这样才能更好地遴选出具有创新意识和创新能力的人才进行重点培养。毕竟高校不是以培养企业家、发明家为最终目标的。而且我们的基础教育、高中阶段教育都没有涉及系统的创新创业教育内容，想要快速实现“双创”的目标，必须在高等教育阶段补齐教育过程中欠缺的环节，转变教育理念，以学生的全面发展为根本，积极开展职业生涯规划教育，不断提升人才培养质量，才能有效应对严峻的就业形势。

新疆地处祖国西北边陲，作为我国一个主要的少数民族地区，在我国发展和稳定的大局中具有非常重要的战略地位。但由于各种因素的影响，目前新疆的经济社会发展和教育水平相对内地还存在较大的差距。南北疆经济结构的差异和教育资源的不平衡，在一定程度上影响着各族青年学生的价值取向和职业选择。天山北坡经济带成为新疆各族大学生的首选地，而南疆偏远地区各类高素质人才非常匮乏，人才供给和社会需求的结构性矛盾非常突出，单纯依靠政府和政策调控方式来实现人才配给，很难从根本上实现人才资源的最大价值。加之新疆的基础教育薄弱，民族教育滞后，职业教育发展缓慢，高等教育发展不平衡，这些问题都亟待解决。

为进一步做好新疆工作，国家先后在2010年、2014年和2020年三次召开新疆工作座谈会，专题研究新疆工作，并从政策、人才、资金等方面给予重点支持。2013年9月和10月，中国国家主席习近平在出访中亚和东南亚国家期间，先后提出共建“丝绸之路经济带”和“21世纪海上丝绸之路”的重大倡议，得到国际社会高度关注。新疆作为丝绸之路经济带圈定的13个省份之一，有着独特的区位优势，是向西开放的重要窗口，也是我国与中亚、南亚、西亚等国家交流合作重要的交通枢纽、商贸物流和文化科教中心，这为新疆的经济社会发展带来了前所未有的机遇。2015年10月国务院印发了《统筹推进世界一流大学和一流学科建设总体方案》，计划到2020年有若干所大学和一批学科进入世界一流行列，若干学科进入世界一流学科前列；到本世纪中叶，一流大学和一流学科的数量和实力进入世界前列，基本建成高等教育强国。这给新疆的高等教育事业带来了机遇，也带来了巨大的挑战。2016年习近平总书记在全国高校思想政治工作会议上发表重要讲话。他强调"高校思想政治工作关系高校培养什么样的人、如何培养人以及为谁培养人这个根本问题。要坚持把立德树人作为中心环节，把思想政治工作贯穿教育教学全过程，实现全程育人、全方位育人，努力开创我国高等教育事业发展新局面。"2019年3月，在北京召开的全国思想政治理论课教师座谈会上，习近平总书记强调"办好思想政治理论课，最根本的是要全面贯彻党的教育方针，解决好培养什么人、怎样培养人、为谁培养人这个根本问题。新时代贯彻党的教育方针，要坚持马克思主义指导地位，贯彻新时代中国特色社会主义思想，坚持社会主义办学方向，落实立德树人的根本任务，坚持教育为人民服务、为中国共产党治国理政服务、为巩固和发展中国特色社会主义制度服务、为改革开放和社会主义现代化建设服务，扎根中国大地办教育，同生产劳动和社会实践相结合，加快推进教育现代化、建设教育强国、办好人民满意的教育，努力培养担当民族复兴大任的时代新人，培养德智体美劳全面发展的社会主义建设者和接班人。"这些重要讲话再次给新疆高等教育明确了方向和任务。

当前，新疆工作的总目标是社会稳定和长治久安。在确保总目标实现的过程中，我们还要清楚地看到各族学生的就业受地域文化、家庭环境、传统观念等多重因素影响，整体的就业形势依然严峻。单纯依靠国家和政府扶持、照顾，很难从根本上解决大学生充分就业和人才供需的结构性矛盾。新疆高校必须要抓住新一轮高等教育改革的有利时机，积极转变教育理念，调整学科布局，把青年学生的思想政治教育、专业教育、职业生涯教育和就业指导工作有机结合起来，用新疆精神、兵团精神、胡杨精神和民族团结的良好氛围来激发各族大学生的职业生涯意识和爱国、爱疆情怀，不断提升人才培养质量，引导各族青年学生为新疆经济社会发展和长治久安做出更大的贡献。

二、研究意义

目前，关于大学生职业生涯规划教育的研究在我国尚处于探索阶段，主要是从学生就业指导和职业辅导的角度出发，研究学生素质既定前提下的“人职匹配”问题，集中在大学生毕业前夕的求职阶段。高校在指导学生就业过程中很难及时把握企业用人标准的变化，缺乏动态性和连续性。而全面、多维度、本土化的大学生职业生涯规划教育已成为目前教育机构和高校的研究重点，对促进学生全面发展，提升人才培养质量，促进学生高质量就业，缓解就业矛盾有着重要意义。

（一）理论意义

第一，职业生涯规划教育作为一种新的教育理念，是在充分尊重学生个体的前提下，借助科学的测评体系和方法，帮助学生全面深刻地认识自我、了解社会、掌握分析决策的基本方法，科学制定职业发展目标，把自身发展和社会需求统一在一起，快乐学习、快乐生活、快速成长的一种积极探索和实践。尤其在当前双向选择的就业环境下，加强高校大学生职业生涯规划教育，是高等教育“以人为本”教育理念的体现，更是从教育源头上化解就业结构性矛盾的积极尝试。职业生涯规划教育不仅能够帮助大学生充分认识自我，实现高校和社会的无缝对接，同时也能在教育实践的过程中，进一步帮助高校科学制定办学目标，优化人才培养模式，改进教学方法，不断提升就业质量和办学质量。

第二，通过对当前理论界有关大学生职业生涯规划教育研究成果进行归纳和梳理，分析当前大学生职业生涯规划教育中存在的问题，结合新疆高校职业生涯规划教育工作中的具体问题，提出完善大学生职业生涯规划教育的对策建议，从而丰富职业生涯规划教育内容，完善职业生涯规划教育体系，为探索本土化、区域性的职业生涯规划教育提供参考和借鉴。

（二）现实意义

第一，当前高等教育改革不断深化，高考招生制度也在进行调整，学生成长的环境和发展通道日趋多元，高等教育的顶层设计必将带来教育理念和教育方式的转变。落实“立德树人”这一根本任务，贯彻“学生为本”的教育理念，客观上要求我们必须调整思路，改革创新，结合教育工作的客观规律、学生成长的客观需要和社会对人才的实际需求，科学制定人才培养方案，最终实现高校、学生和社会发展的共赢。课题研究的现实意义在于不断推动新疆高校职业生涯规划教育发展，强化高等教育“以人为本”理念，拓展高等教育人才培养途径，提升高校人才培养质量，促进新疆高等教育事业转型升级。

第二，职业生涯规划教育的内涵非常丰富，不仅包括就业指导工作，还包括思想政治教育、形势政策教育、心理健康教育等内容，其最终目的是最大限度地挖掘学生内在潜力，拓展学生发展视野，提升学生职业能力，为学生长期的职业生涯发展提供持续不断的支持，最终实现人才资源的最大价值。在高校开展职业生涯规划教育，可以提升大学生就业能力，缓解就业矛盾，提升就业质量。更重要的是把多维度的教育内容融入职业生涯规划教育，能更好地激发学生爱国爱疆的情怀，不断提升内地大学生的留疆率，引导高素质人才支援南疆建设发展，这对新疆社会稳定和长治久安总目标的实现将起到巨大的支撑作用。

第三，本研究也是新疆高校进一步加强思想政治教育的现实需要。职业生涯规划教育是大学生思想政治教育的重要内容，对大学生的职业发展和成长都起着重要作用。新疆民族众多，信教群众基数大，客观上对在校青年学生的思想存在影响。职业生涯规划教育聚焦个人成长发展，启发学生思考，拓展学生视野，挖掘个人潜能，激发学生行动，是思想政治教育的一个很好的切入点，它能更好地贴近学生，对帮助学生树立正确的世界观、人生观和价值观具有很强的可操作性和现实意义，也是新时代新疆高校在学生中开展思想政治教育的有益尝试。

三、研究内容

课题研究是在对国内外职业生涯规划教育进行梳理和总结的基础上，以新疆高校和在校师生为研究对象，以职业生涯规划教育的具体实施为研究内容，从宏观和微观两个层面、五个不同维度，对新疆高校职业生涯规划教育进行调查了解。

在宏观层面上，一是梳理新疆维吾尔自治区和兵团教育主管部门制定的政策、文件，了解职业生涯规划教育的顶层设计情况。二是借助问卷调查和访谈的形式对新疆各类高校在校师生、就业指导部门进行了解走访，掌握新疆各高校开展职业生涯规划教育实施的具体情况、存在的主要问题。三是通过对各类用人单位的问卷调查，了解其对高校开展职业生涯规划教育的评价和意见。

在微观层面上，一是设计了“新疆高校大学生职业生涯成熟度”的调查问卷，对不同类别学生在生涯认知、生涯态度和生涯行动上进行分析总结，并结合个人访谈来验证问卷反映的具体问题。二是深入到具有代表性的高校进行实地调研，通过对比和研究总结不同类型高校的具体做法、经验特色和遇到的实际问题，从而为研究的对策建议部分提供有力支撑。

课题研究主要分为七个部分。第一部分是职业生涯规划教育的相关概念；第二部分是国外职业生涯规划教育的基本情况；第三部分是国内职业生涯规划教育的基本情况；第四部分是新疆高校职业生涯规划教育的基本情况；第五部分是石河子大学学生生涯成熟度调查情况；第六部分是新疆高校职业生涯规划教育的特点及存在的问题；第七部分是加强新疆高校职业生涯规划教育的对策建议。

四、研究方法

（一）整体思路

本研究按照理论阐释—现状分析—调查研究—总结分析—提出对策的思路进行。首先对有关大学生职业生涯规划教育的核心概念、相关理论进行界定与阐述，对国内外相关研究成果和经验进行介绍之后，围绕新疆高校职业生涯规划教育的情况从政府文件、高校就业指导机构、在校学生、在校教师、用人单位等方面进行多维度的调查了解。有宏观政策的梳理，也有微观的调查访谈；有对本科院校的分析，也有对高职院校的了解。同时还编写了《大学生生涯成熟度问卷》，希望通过问卷从不同的学生整体中挖掘影响生涯成熟度的因素。然后通过比较和分析，准确了解新疆高校职业生涯规划教育的现状、存在的问题。最后再结合新疆高等教育的实际情况和面临的发展机遇，提出进一步推进新疆高校职业生涯规划教育的有效途径与策略。

（二）研究方法

1. 文献研究法

文献研究法主要指搜集、鉴别、整理文献，并通过对文献的研究形成对事实的科学认知。通过中国期刊全文数据库、图书馆和网络等资源，围绕职业生涯规划和大学生职业生涯规划教育收集相关的专著、文献资料和一些研究案例，在对前人研究成果消化吸收的基础上进行分析与整理，初步了解当前大学生职业生涯规划教育的发展现状、存在的主要问题和不足，并寻求一些新的突破口。

2. 问卷调查法

问卷调查法是用书面形式间接搜集研究材料的一种调查方法。本研究随机抽取各高校在校大学生进行问卷调查，了解当前大学生职业生涯规划教育中存在的问题，以寻求解决方案。在此项调查中，课题组设计了 5 套问卷，从政府、高校、学生、教师和企业等多个维度进行问卷调查，希望在宏观的不同层面了解职业生涯规划教育的现状。在微观层面，课题组专门编写了《大学生生涯成熟度问卷》，进一步探究学生生涯成熟度的影响因素。

3. 访谈法

访谈法是针对研究者所关注的主题，以深入访谈的方式来获得受访者的意见、观点、价值观等信息。通过与大学生职业生涯规划教师、就业指导中心工作人员、用人单位领导以及部分学生进行访谈，更全面地掌握当前大学生职业生涯规划教育现状以及教师、学生对职业生涯规划教育的认知状态，更有助于研究的深入。

4. 政策研究

查阅《国家促进高校毕业生就业政策文件汇编》了解有关政策。通过对国家教育部、自治区教育厅、兵团教育局的官方网站查阅有关职业生涯规划教育的文件、通知、比赛等，了解不同层面教育主管部门对职业生涯规划教育的重视程度和具体推动，从宏观层面了解国家、自治区和兵团对职业生涯规划教育的顶层设计。

5. 比较研究

研究高校职业生涯规划教育，离不开国内外的比较研究。因为职业生涯规划最早源自于美国，已经有百年的发展和积累。同时在欧洲、日本等一些发达国家和地区也得到了充分发展并取得了很多研究成果。借鉴国外职业生涯规划教育的研究成果，学习内地知名高校职业生涯教育好的经验，需要对职业生涯规划教育的背景、地域、经济、文化等方面的因素进行比较，找出共性和差异，才能更好地借鉴和吸收。

第一章　相关概念的界定

一、职业

所谓“职”是指职位、职责，“业”是指行业、事业、业务。《现代汉语词典》将职业解释为“个人在社会中所从事的作为主要生活来源的工作”[①]。在经济社会中，职业如教师、律师等是客观存在的。职业具有以下四个方面的特征：第一，职业与人类的需求、职业结构相关，重在强调社会分工；第二，职业与它的内在属性相关，强调专门的知识和技能的有效利用；第三，职业与社会伦理也具有一定的联系，重在对财富创造时取得的合法收入；第四，职业与个人生活相关，强调物质生活的来源。因此说，职业就是人们参与社会分工，利用专门的知识和技能，创造物质财富、精神财富，获得合理报酬，满足物质生活和精神生活的工作。职业是人们在社会中所从事的作为谋生手段的工作；从社会角度看，职业是劳动者获得的社会角色，劳动者为社会承担一定的义务和责任，并获得相应的报酬；从国民经济活动所需要的人力资源角度来看，职业是指不同性质、不同内容、不同形式、不同操作的专门劳动岗位。

这里我们从社会学、经济学和职业生涯规划三方面来认识职业的含义。

（一）从社会学的角度看职业的含义

美国学者泰勒指出：“职业的社会学概念，可以解释为一套成为模式的与特殊工作经验有关的人群关系。这种成为模式的工作关系的结合，促进了职业结构的发展和职业意识形态的显现[②]。”

---

① 程社明．你的船，你的海［M］．北京：新华出版社，2007：25．

② 杨河清．职业生涯规划［M］．北京：中国劳动社会保障出版社，2005：4．

（二）从经济学的角度看职业的含义

日本劳动问题专家保谷六郎认为，职业是有劳动能力的人为了生活所得而发挥个人能力，向社会做出贡献的连续活动。他认为职业有以下特征：①经济性，②技术性，③社会性，④伦理性，⑤连续性。

（三）从职业生涯规划的角度看职业的含义

美国的 Arthur 和 Lawrence 把职业定义为“一个人的工作经历进展过程”。而 Arnold 把职业定义为“一系列与雇佣相关的职位、任务、活动和经验”。职业确实可以看作是个人的生命历程、工作任务和经历。

（四）职业的科学含义

综合各方面对职业的认知，我们认为，在 21 世纪，职业主要指具有一定专业素质的人，为了获得一定的回报而从事的服务于社会、服务于他人，具有相对稳定的、专门化的社会活动。职业能够反映一个人的社会身份、社会地位与自身的文化、能力和素养等[①]。“职业”（career）不同于“工作”(job)，职业问题不是单纯地找一份工作，其中包含着职业个体的价值追求和理想。同时，“职业”也不能等同于“生涯”，职业仅是人的生涯进程中的一个组成部分，而不是生涯的全部。

二、职业生涯

我国古人的诗词中也有“生涯”一词。如南朝文学家沈炯在《独酌谣》中写道：“生涯本漫漫，神理暂超超。”又如，南宋文学家陈亮在《谢陈参政启》中写道：“暮景生涯，恍如落日；少年梦事，旋若好风。”“生涯”一词在汉典网络中的定义是：指从事某种活动或职业的生活。“生涯”的英文单词是 career，最早是用于动词，有“疯狂竞赛”的意思。在西方人的概念

---

① 朱辉荣．本土化大学生职业生涯规划教育研究［D］．重庆：西南大学，2010.

里，career 一词有马场上驰骋竞技、隐含未知、敢于冒险的精神[①]。迄今为止，被认为最科学的“生涯”学术定义是舒伯的观点：“生涯是生活中各种事态的演进方向和进程，统合了个人一生中各种职业与生活角色，并由此表现出的个人特殊的自我发展形态[②]。”

简而言之，职业生涯可以理解为与人一生职业相关的经历。不同的学者从不同的角度和层次对职业生涯有不同的理解，因此产生了狭义和广义之分。美国的组织行为学专家道格拉斯·霍尔（Douglas Hall）认为，职业生涯只包含那些和职业相关的活动和经历，包括任职前的学习和培训，经过择业和就业，直到退休的整个过程。美国著名的职业问题专家舒伯（Donald E. Super）为代表的学者从广义上理解的职业生涯是指：“一个人终身所经历的所有的职位的整体历程，是生活中各种事件的演进方向和历程，是统合一生的各种职业生活和职业角色，并由此表现出来的个人独特的自我发展形式，也是人自青春期到退休之后一连串有酬和无酬职位的综合，甚至包括了副业、家庭和公民的角色。”

三、职业生涯规划

著名管理学家诺斯威尔（William J. Roth well）首先提出这个概念。他认为，职业生涯规划（Career Planning），又称职业生涯设计，是个人结合自身情况以及眼前的制约因素，为自己实现职业目标而确定的行动方向、行动时间和行动方案。在已经出版的很多关于职业生涯规划的书籍中，对职业生涯规划的具体步骤大致分为：首先是进行自我分析、组织因素分析、社会因素分析，然后进行生涯机会评估，继而确定职业生涯路线，选择职业，接下来制定教育培训计划，并注重评估与反馈，最终达成职业目标。

职业生涯规划分为个人职业生涯规划和组织职业生涯规划。个人职业生涯规划是指个人根据社会的需求，结合自身的天赋才能，确定职业目标，选择职业道路，为实现职业生涯目标而制定学习、工作、培训等详细的行动方

① 金树人. 生涯咨商与辅导［M］. 台湾：东华书局，2006.

② 沈之菲. 生涯心理辅导［M］. 上海：上海教育出版社，2000.

案。组织职业生涯规划是指组织根据自身的发展目标，结合员工的职业发展需求，制定组织职业需求战略、职位变动规划与职业通道，进而采取必要的措施加以实施，以实现组织目标与员工职业发展目标相统一（双赢）的过程①。从个人的角度来探讨职业生涯规划，它主要包括自我认知、自我规划（制定职业方向和目标，制定职业发展计划）、自我管理（自我的学习、提升和行动计划）、自我实现（反馈评估和修正完善）②。

职业生涯规划的主要特点如下：①职业生涯规划相比职业指导更加关注个人职业的持续发展，从个人的天赋、兴趣、性格和特长出发，结合职业发展规律，确定职业生涯发展路线。②职业生涯规划强调发挥个人的主动性，通过学习能够自我进行职业决策与职业管理。③职业生涯规划把人生职业发展分成不同的阶段，每个阶段承担着不同的职业发展任务，这样有利于个人对人生的职业发展形成一个整体概念，并清楚知道自己在各个职业发展阶段应该完成的职业目标。④职业生涯规划是一个动态发展的过程，职业生涯表示一个人一生中在各种岗位度过的整个经历。⑤职业生涯代表一个人的社会属性。人的大部分社会活动都是在工作中度过的。有统计资料显示，大部分人职业生涯时间占可利用社会时间的 70%～90%，职业生涯将陪伴我们的大半生。

综上所述，职业生涯规划的内涵非常丰富，且涉及面非常广泛，主要与人的社会生活联系比较紧密，此外职业生涯会影响人的心理状态。

四、职业生涯规划教育

第六届国际生涯教育研讨会中，生涯教育被定义为："生涯教育应包括家庭教育、学校教育、环境教育，不仅重视知识教育，而且特别重视人格培养。生涯教育要打破国界，回答个人要求、社会要求、时代要求，希望人们在改造社会的同时改造自己，从改造自己的成功经验中使他人受到启发，产生彼此合作的观念、信心，最终达到自己解放自己的目的，使自在的人变成

① 朱辉荣．本土化大学生职业生涯规划教育研究［D］．重庆：西南大学，2010.

② 黄天中．生涯规划——体验式学习［M］．北京：高等教育出版社，2009：16.

自为的人，使被动的人变成主动的人[①]。”

从教育的角度定义职业生涯规划，理论界普遍认为，“职业生涯规划教育是有目的、有计划、有组织地培养个体规划自我职业生涯的意识与技能，发展个体职业综合能力，促进个体职业生涯发展的活动，是以引导个体进行并落实职业生涯规划为主线的综合性教育活动。具体内容包括：职业生涯定向教育；自我职业潜能分析能力培养；规划自我职业生涯的意识与技能培养；职业生涯规划的心理辅导；职业生涯规划相关核心素质的培养[②]。”

五、高校职业生涯规划教育

高校职业生涯规划教育是生涯教育必要的组成部分，和家庭教育、环境教育是互为补充的，也是学生进入社会之前在学校接受生涯教育的最后一个环节。可以理解为：高校通过专门的机构或平台，在大学生活的全过程，有计划、有组织、有目的地帮助学生对过去成长的背景、目前的资源条件和将来可能路径的主观条件进行分析、总结、测定。帮助学生确定职业兴趣、职业目标，提升职业能力，树立正确的职业价值观而制定相应的教育、培训、工作计划和全方位指导的教育过程。简单说就是根据大学生自身特点，有计划进行的、旨在实现大学生可持续的职业发展的全方位教育活动[③]。

① 孙一峰．生涯教育——第六届国际生涯教育研讨会的报告会文集［C］．兰州：甘肃教育出版社，1997.

② 陈军．大学生职业生涯规划教育［D］．长春：东北师范大学，2005.

③ 卢红梅．我国大学生职业生涯规划研究［D］．武汉：华中师范大学，2006.

第二章 国外职业生涯规划教育的基本情况

一、职业生涯规划教育的发展进程

“生涯规划”是由“职业辅导”逐渐演变而来的，想要了解生涯规划的理论和发展简史，就需要从“职业辅导”来入手。19 世纪 70 年代至 20 世纪初，美国从农业国迅速发展成为工业国。这一巨大转变引起了一系列的社会效应：世界各地的移民涌向美国，农民涌向城市，毕业学生的数量激增，造成了一定程度的就业压力，这些变化最终导致职业辅导的产生。1908 年，一位从事各种改革运动的工程师弗兰克·帕森斯（Frank Parsons）在波士顿成立了职业局，开始从事职业指导的工作，它的功能类似于今天的职业介绍所，是第一个具体的职业组织。因此，1908 年就成为生涯辅导工作的滥觞[①]。帕森斯认为，“选择一项职业”要比“找到一份工作”更好，在此理念的指导下，他提出职业辅导的三个步骤：即了解自己的人格特质、兴趣、能力、资源和限制；了解不同工作领域中成功必备的具体要求、酬劳待遇和机会挑战；合理分析以上两类资源的交集，也就是“知己”、“知彼”、“决策”的意思[②]。由于当时心理学尚未建立完整的理论体系，对帕森斯的这些观点没法进行系统的梳理和总结，但这一理念的影响非常深远，并被职业指导的实务界奉为先导。1910 年在美国波士顿召开了美国第一届全国职业指导会议（National Conference On Vocational Guidance），1913 年在美国密歇根州成立了全国职业指导协会（National Vocational Guidance Association），为职业指导和生涯规划向学校教育体系的推广做出了巨大贡献。

---

① 陈若璋．生涯探索与前程规划［M］．台北：心理出版社，1989.

② 林幸台．生计辅导的理论与实施［M］．台北：五南图书出版公司，1987.

与此同时，在心理学领域，专业的心理测量技术也得到了前所未有的发展。沃顿（Wundt）在德国成立了第一所心理实验室，对人的心理进行各种测试，使心理测量和职业指导开始逐步融合，为职业选择和职业辅导提供了全新的活力。在这一阶段，个人职业选择研究的代表理论有：霍兰德（Holland）的人职互择理论、帕森斯（Parsons）的“职业—人”匹配理论、施恩（Schein）的职业锚理论，这些理论都是从个人角度讨论个人特质与职业选择的匹配，以此来保证职业生涯的成功，注重对职业生涯内在影响因素的分析和评价。1942年，卡尔·罗杰斯出版《心理咨询与心理疗法》，把心理辅导完全纳入其中，并提供了相对科学的依据，帕森斯（Parsons）的“人—职业”匹配理论、施恩（Schein）的职业锚理论等，具有代表性的职业辅导系统化的理论在这一时期形成了①。在20世纪最初的十几年中，职业辅导加入了职业教育的因素，以适应社会的需要。20世纪20—40年代，开始只有少数的学校辅导员加以施行，而后因为有关个别差异的知识有所增加；发展观的逐渐盛行；有别于过去以信息给予（information-giving）为主的做法，心理治疗得到了大力提倡，这三股力量的共同作用，使得职业辅导开始注重个体的情感和心理，工作重点开始转向诊断治疗。这与只关注行为的外在表现、对学生提供信息为主的职业指导是大不相同的②。

1951年，舒伯建议美国国家职业辅导协会修改“职业辅导”的定义，扩大了职业辅导的概念，新的定义不强调在某一时间提供信息，也不强调人与事的简单的谋和，而是重视职业辅导的心理特质，将过去一直被分开的个人与职业两个层面综合成有机的整体，即从单一的、静态的职业选择中跳出来，转而注意到社会学、经济学等学科对这个领域可能的影响，并将职业行为置于人类发展的构架中加以研究③。舒伯的理念对职业辅导产生了巨大影响，他的观点不仅将职业辅导带入了新的研究领域，还推动了“生涯辅导”观念的产生。单纯地从“职业”和“生涯”的字面意思就可以看出，“生涯”比“职业”涵盖了更多的内容。“生涯”是用连贯的、发展的视角来看职业指导，它所关注的不是即时性的问题而是长远的、综合的问题，是关于人的

① 王锐．大学生职业生涯规划教育现状及对策研究［D］．成都：成都理工大学，2012.

② 黄天中．生涯规划-体验式学习［M］．北京：高等教育出版社，2009：31－32.

③ Criets，J. O. Counseling. Models，Methods，and Materials［M］. N. Y.：McGrawhill，1981.

职业发展的全过程的问题。到了 20 世纪 60 年代末 70 年代初，“生涯辅导”的名词出现在专业文献的频率几乎与“职业辅导”不相上下。这不仅是词汇的转变，更是其内涵的变化。到了 80 年代，生涯辅导已经完全从过去的静态转变为动态，而且由于新概念、新技巧、新服务对象的纳入，生涯辅导已经逐步发展成为包罗万象、内容广泛的一门学科。

简单总结一下，可归纳为五个发展阶段，即：第一阶段强调学生的特性与职业因素相匹配，主要是以美国社会学家帕森斯（Frank Parsons）的“人职匹配理论”为代表；第二阶段强调学生就业咨询的重要性，从职业指导向职业辅导转变，以美国职业指导专家威廉姆逊（Williamson）的《怎样咨询学生》一书为标志；第三阶段出现“生涯辅导”的概念。代表人物舒伯（D. E. Super）提出的生涯发展理论被认为是职业生涯管理理论形成的标志；第四阶段以“人格—职业类型匹配理论”为代表，通过把握人格特征选择职业，从而达到人职相匹配，代表人物是美国心理学家、职业指导专家霍兰德（John. Holland）；第五个阶段是当代生涯辅导的最新发展阶段，生涯辅导成为高校就业指导体系中的一个重要环节，通过计算机进行生涯辅导在校园陆续展开，生涯辅导被广泛接受。

在近 100 年的发展历程中，国外涌现出了一大批职业生涯规划理论方面的研究专家，结出了丰硕的理论研究成果。如美国波士顿大学帕森斯教授的人职匹配理论，美国约翰霍普金斯大学心理学教授霍兰德的职业性向理论，美国学者金斯伯格、舒伯以及格林豪斯等人的职业发展阶段理论，美国学者施恩的职业锚理论，克鲁布尔兹的行为论，乔普森和吉列特的决策论，罗杰斯的当事人中心理论，罗欧的需要理论，鲍亭等人的心理动力论，霍林斯黑德、米勒、福姆等人的社会实践理论，巴特勒和沃竹等人的生涯发展乐趣理论以及霍波克的综合论等。

二、国外高校职业生涯规划教育的现状

（一）美欧等发达国家职业生涯规划教育发展状况

1. 美国

20 世纪 50 年代，生涯教育在美国高校开始推广。主要内容包括：①澄

清工作价值，培养学生自我规划的技巧；②通过正式或非正式的心理测量，评估学生的能力、人格特质、兴趣和价值观等；③提供职业和生涯资讯，联系并提供社区资源；④帮助学生提高面试技巧，增进对教育和工作机会的觉察能力；⑤鼓励学生接受训练、设定目标、作出与暂时性生涯选择有关的决定；⑥在学校课程中改革学术和生涯规划课程；⑦适时检查和评价学生的实践情况。

20 世纪六七十年代，“生涯教育”课程在各级学校开展起来。高校纷纷开设生涯规划的选修课，帮助学生提升生涯规划的能力。其中最著名的经典课程方案有两个：一个是美国佛罗里达大学的“课程式生涯资讯服务”（简称 CCIS），即以课程方式，结合辅助材料和多媒体，教导学生生涯发展的概念和生涯规划技巧，以达成生涯服务的目标；另一个是美国科罗拉多大学的“生涯规划工作坊”，该工作坊时间跨度为一至两天，共包含八个活动单元，参与工作坊的成员需通过分享和讨论，投入到未来的工作和生活计划当中，以此提升大学生的自我觉察和自我认知能力，促使其系统地规划自身未来发展，并承担责任。美国政府还以法案的形式推行职业生涯教育改革，分别是 20 世纪 70 年代的《生计教育法案》和 90 年代的《学校就业法案》，其目的在于引导青少年从“升学主义”转向个人生计与未来发展。1994 年，美国联邦政府颁布了《从学校到工作机会法案》，促使学校和社会机构建立协同合作关系，为学生提供从学校到工作的方案，使学校的学习内容和真实的工作世界紧密结合起来，有力地保证了职业生涯教育改革的推进和发展。美国政府还在洛杉矶建立了“社区生计教育联盟”，一个由 85 家企业和公司组成的联合组织，为学生提供综合性的生计教育。许多学校每年都要举行一次“职业介绍日”活动，邀请不同职业背景的家长到学校向学生介绍其职业。随着社会的发展和进步，当前，美国的学生从幼儿园开始就接受生涯教育，高中阶段更是请专家做职业兴趣分析。美国南卡莱罗那州立法规定，2007—2008 年度前，所有中学必须有一名持有“全球职业规划师”认证的专家，以推动职业生涯教育工作的开展。

2. 英国

20 世纪 80 年代，英国政府也出台了一系列文件，要求普通的中学开展职业教育和职业指导，同时强调职业教育和职业指导应成为学校教育的一部分。英国政府颁布的“1997 年教育法案”规定所有中等学校都有法定责任为 9～11 年级（初三至高二）的所有学生提供生涯教育计划，必须确保学生得到生涯指导和最新的生涯信息资料。2000 年，英国教育与技能部颁布了相关指导性文件“新课程中的生涯发展教育”，明确规定了生涯教育的具体目标。2003 年，英国教育与技能部又制定了“全国生涯教育框架”。学校除了进行课程教学外，还开展了很多的生涯教育实践活动，如安排学生到工作岗位中亲身实践，开展模拟游戏，实施志愿活动工作计划等。这些工作的实施都是由专门的教师来担任“生涯协调员”负责生涯教育和指导工作的开展①。在高校，职业辅导老师一般都要求具有心理学、教育学等专业的博士学位，有一定社会工作经验更好，为学生提供择业辅导，针对大学生的特点开展个性化职业辅导服务。同时，还要通过开展课程对大学生进行相应的职业指导、职业咨询以及职业教育，为大学生提供职业信息，帮助大学生制定职业教育计划，举办各类讲座、报告、演讲、参观以及社会活动等。还有相关法令中也提到，社会机构、企业、工厂等都要为大学生熟悉各类工作岗位提供便利条件，可以和学校建立长期合作关系，给学生提供实习、参观、就业的机会，便于学生明确职业目标，做出合理的职业选择。

3. 新西兰

新西兰政府对生涯教育高度重视，2003 年新西兰教育部发布了《新西兰学校中的生涯教育与指导》（Career Education and Guidance in New Zealand School），对生涯教育的目标、内容、实施方式、评价等多个方面做出了规定与说明。该文件强调，生涯教育是学校工作者必需的职责，也是学校教育的必要组成部分，应该融合到学校的整体工作之中。2009 年，新西兰教育部发布了最新的修订版本，这一版本将《新西兰基础教育课程框架》对 1～13 年级学生提出的五个关键能力作为生涯教育的能力目标，分别是自我管理能力、交往能力、社会参与和贡献能力、思考能力、语言文字应用能力。为实现上述能力目标，该文件采用了一套国际认证的生涯管理胜任力标准（美国、英国、澳大利亚以及加拿大等国家均采用这一标准），各学校要依据此标准来设计生涯教育与指导课程，这套标准涵盖了三大内容领域。一

① 蔡颖华. 国外青少年职业生涯教育经验及启示［J］. 消费导刊，2009（11）.

是发展自我意识，主要包括：帮助学生构建并保持积极的自我概念，能与他人保持积极且有效的沟通；主动地适应一生中的各种变化。二是探索机会，主要包括：坚持终身学习以促进生活与工作目标的实现；获取生涯信息并有效地利用；认识工作、社会和经济发展之间的关系。三是决策与执行，主要包括：制定有利于促进生涯发展的决策；制定并落实生涯计划与目标；积极有效地管理个体生涯。

4. 日本

日本的中央教育审议会在 1999 年 12 月把“生涯教育”一词正式写入官方文件，目前日本官方文件对“生涯教育”的定义是：生涯教育是培养学生成熟的职业观与劳动观以及培养学生了解自我、选择属于自己未来道路的能力以及乐观积极的人生态度的教育。20 世纪 90 年代是日本社会的经济转型期，这个时期职业生涯教育的全面实施正标志着日本从工业化社会进入知识经济社会。职业生涯教育计划作为近年来日本教育改革的主导思想，贯穿整个教育改革过程。日本的学校教育各个阶段目前都在进行着职业生涯教育的准备和普及工作。日本的职业生涯体系贯穿着生涯教育从幼儿到成人的整个教育过程，它不仅仅是某一阶段的教育，而是伴随人一生的教育。尤其是在日本的大学教育阶段，由于大学时期与人才市场联系紧密，大学对生涯教育更为重视。

在日本，职业生涯教育的思想占有非常重要的地位。要求各个阶段的教育必须真正关注学生，让学生能够不断地正确认识自己。无论是小学、初中还是高中、大学阶段的教育，职业生涯教育的内容都占据着重要地位。尤其是高中阶段，非常重视职业生涯教育的课程改革，并积累了丰富的经验。学习指导要领指出，高中阶段是实际探索、尝试和进入社会的准备时期，要让学生更深刻地认识自己和认可自己，确立作为选择标准的职业观和劳动观，设计将来的人生蓝图并作为进入社会的准备，考虑人生出路并努力实现。为此在高中阶段设置了特别活动和综合学习时间等职业生涯教育内容。国立教育政策研究所制定的《培养劳动观和职业观的学习计划框架》作为推进职业生涯教育方面众多学习计划的代表，得到了各个学校的重视并被充分应用。这个学习计划框架将形成的“职业观”“劳动观”相关能力大致分为“人际关系形成能力”“信息活用能力”“将来设计能力”“志向决定能力”四个部分①。2003 年，日本政府开始根据时代变化而进一步推进职业生涯规划教育，希望通过这一举措改变日本社会所面临的一些困境，使年轻人能够树立正确的职业观、劳动观，在经济全球一体化的时代能有自立精神和面对挑战的勇气和能力。2005 年，文部省又规定，初中学生需要有 5 天以上的时间进行岗位体验活动。2011 年，日本在将要开始实行的新学习指导要领中，更是明确把提高“生存能力”作为生涯教育的主旨。

5. 澳大利亚

澳大利亚也通过国家立法制定了“职业发展纲要”，对职业成熟度、职业指导的内容、考试及评估等方面做出了具体的规定。同时开设职业和个人发展课程，将职业和劳动力市场信息渗透到各个学科当中，使课程内容与日常生活密切相关，培养学生研究和思考能力及对生活的态度。

6. 瑞典

瑞典的职业生涯规划课程贯穿于学生的整个学习过程，其中 20%的职业规划课程在校外进行，由职业规划教师自行设置。为增强家长和学生对职业与培训方面的了解，学校邀请家长听职业指导课程，对家长进行职业与培训方面的宣传，使家长帮助学生确定未来职业方向和学习目标，并且聘请职业指导专家帮助学生确定所选专业，制定职业生涯发展规划，在职业生涯规划课程体系中将职业培训与学校文化教育融合在一起。

（二）国外高校职业生涯规划教育的特点

通过以上资料我们可以清楚地了解到，国外的职业生涯规划教育工作具有鲜明的特点，主要体现在以下几个方面：

1. 法制化

任何一项工作的推动，最有力的手段就是通过国家制定相关的法律法规，由政府来依法推动，这样的效果最明显。美国政府为了推动职业生涯教育，实施了“职业生涯教育”拨款计划，《均等就业法案》，还通过了适用 1～12 年级学生的《学校工作机会法》，旨在帮助青少年经过一定的实践锻

① 古峪，崔玉洁．日本高中阶段的职业生涯教育［J］．外国教育研究，2010（12）．

炼。英国政府颁布的“1997 年教育法案”规定所有中等学校都有法定责任为 9～11 年级（初三至高二）的所有学生提供生涯教育计划，必须确保学生得到生涯指导和最新的生涯信息资料。2000 年，英国教育与技能部颁布了相关指导性文件“新课程中的生涯发展教育”，明确规定了生涯教育的具体目标。2003 年，英国教育与技能部又制定了“全国生涯教育框架”。2003 年，新西兰教育部发布了《新西兰学校中的生涯教育与指导》（Career Education and Guidance in New Zealand School），对生涯教育的目标、内容、实施方式、评价等多个方面做出了规定与说明。2009 年，新西兰教育部发布了最新的修订版本，这一版本将《新西兰基础教育课程框架》对 1～13 年级学生提出的五个关键能力作为生涯教育的能力目标等。这些典型的法案和教育政策都是从国家层面制定的，具有很强的指导作用。

2. 全程化

职业生涯规划教育是一项系统工程，其时间跨度几乎可以涵盖人的生命的全过程。欧美一些发达国家最早从幼儿园就开始对孩子进行职业意识方面的引导，并结合人的发展要求在小学、中学、高中、大学开设了系统的职业生涯课程，让每一学生都能接受良好的职业生涯教育。进入职场后，还有政府和企业提供的各种培训、晋升和学习的机会，帮助每一个职场的工作人员都能学习到最新的知识和技能。即便是个人的职业生涯结束，政府还提供了很多岗位和机会，帮助人们发挥余热，提供终身学习的场所和环境。这样完备的终身教育体制和服务理念符合人的发展要求，也符合社会发展的需要。

3. 专业化

职业生涯规划教育是一项非常重要的教育内容，需要有专门的机构、专业的队伍和专业的测评方法来从事此项工作。在最早推行职业生涯教育的美国，国家有专门的机构来研究和制定教育内容。在学校有专职的老师来担任教学、咨询工作，而且这些老师都有心理学、教育学、管理学等学科背景，同时还需要有社会任职的工作阅历，工作经验非常丰富。当然，在开展具体的职业生涯规划指导和咨询过程中，他们还有非常规范的程序和工具来协助完成相关工作，其专业化程度非常高，值得借鉴。

4. 社会化

教育的目标是让每一个人都能健康地成长和发展，并为社会的发展和进步培养专业人才。而这一目标的实现仅靠学校的努力是远远不够的，需要政府、企业、学校、社区等各个层面的参与，为人的成长和发展提供必要的环境和资源。很多国家要求企业、社区必须提供相应数量的实践岗位，安排专职人员对实践者进行指导和帮扶。同时校外的政府官员、企业家、校友都作为学生生涯指导的老师参与其中，为学生提供鲜活的教学案例。整个的教育环境非常开放，社会化程度高。

5. 个性化

在开展职业生涯规划的普及性教育活动中，国外非常重视每一个学生个体的差异，因为不同的人其兴趣、性格、价值观、职业倾向、家庭环境和成长经历是不同的，在开展具体的职业指导时，必须进行专业的个体测评，才能有针对性地提供职涯指导，这也是由此项工作的特点决定的，也是由不同个体的差异决定的。同时，政府还鼓励第三方咨询机构参与此项工作，除了提供个性化指导和咨询工作，还为政府制定相关政策提供前期的调研，发挥了很好的作用。

三、国外高校职业生涯规划教育对我国的启示

（一）职业生涯规划教育是提升人力资源质量的重要环节

20 世纪 70 年代，伴随着美国经济主体由工业经济向知识经济的转化，知识逐渐成为了美国促进经济发展的核心要素。人力资源作为创造、传播和应用知识的主体，逐渐替代了物质资源、自然资源等其他类型资源成为了美国关注的首要资源。人力资源开发成为了知识经济时代美国促进经济发展的重要战略。在人力资源开发背景下，高校的职业生涯教育作为美国大学向社会输送人才、完善高等教育社会服务职能、提高高校促进社会人力资源开发绩效的有效途径，越发受到美国联邦政府、社会组织和高等教育机构的关注①。美国高校职业生涯教育为了适应知识经济时代的社会职业变革，不断进行着调整和改善，最主要的目的是促进人力资源的开发，提升人力资源的质量。正是在这一时期，美国高校的职业生涯规划教育从国家的立法保证到

① 陈禹. 人力资源开发背景下美国高校职业生涯教育研究［D］. 长春：东北师范大学，2011.

各高校职业生涯规划教育的课程建设都有了快速发展，这为高校人才培养的质量注入了新的活力和动力，也为职业生涯规划教育积累了宝贵的经验，更为重要的是为美国社会和经济的发展提供了源源不断的人才资源。

2007年世界银行在《东亚复兴：关于经济增长的观点》的主题报告中，有针对性地提出了有关“中等收入陷阱”（Middle Income Trap）的警示。一个国家在进入中等收入国家行列后，如果不能顺利实现经济发展方式的转变，增长动力不足，其经济就会陷入停滞和长期低迷的状态，甚至出现严重的社会动荡，落入“中等收入陷阱[①]”。目前国际上通常把各国的经济发展水平分为四个层次，人均GDP低于1 000美元为低收入国家，人均GDP 1 000～4 000美元为中等偏下收入国家；人均GDP 4 000～12 000美元为中等偏上国家；人均GDP 12 000美元以上为高收入国家。2010年我国的人均GDP超过4 000美元，进入中等偏上收入国家行列。党的十八大提出到2020年全面建成小康社会、GDP和城乡居民收入比2010年翻一番的宏伟目标，这段时间正是跨越中等收入陷阱的关键时期。研究表明：一个国家能否顺利跨越中等收入陷阱取决于很多因素，但从根本上说则是靠人力资源、靠教育。只有通过教育提升国民素质、优化人口结构、成为人力资源强国，才能实现经济社会发展的转变，实现产业升级和经济结构调整，走上快速持续的发展道路。职业生涯规划教育作为一种新的教育理念和教育内容，在高等教育中占有非常重要的地位，它是进一步优化教育结构，提升教育质量，挖掘人才潜力，促进社会经济发展的必然选择。

（二）职业生涯规划教育是分层次分阶段的系统教育

从国外职业生涯规划教育的发展和取得的经验来看，此项教育实践活动是一个系统的、复杂的、层次分明的教育活动。需要我们在尊重“以人为本”教育理念的前提下，根据人的成长和发展的不同阶段，有针对性地开展不同的职业生涯规划教育，这一过程是由简单到复杂、由单一到多元、由理论到实践的一个循序渐进的过程。从学前教育开始，就应该积极引导学生对各种职业角色有一个简单的了解，同时要积极培养学生对大自然的认识和探

---

① 袁振国．跨越中等收入陷阱国家教育变革的重大启示［M］．北京：教育科学出版社，2013.

索，对生活中各种规则的熟悉和了解，养成好的生活学习习惯。小学教育阶段应该以更多样的方式让学生去认知和体验不同的职业角色，如教师、警察、医生等，更多是培养和挖掘学生不同的兴趣爱好。初中教育阶段应该对学生的学业发展和个人成长注入更多的职业规划内容，因为此时学生的心理和生理发展正处在一个非常关键的时期，对外部世界的好奇会很强烈，同时初中教育环节的结束也意味着是学生面临不同发展方向，需要加强对职业规划教育的引导。高中阶段的职业规划教育非常重要，因为高中教育的结束意味着每一个学生不同的发展方向，要么进入高等教育阶段、还可能进入职业教育阶段、还可能直接进入社会。所以，职业生涯规划教育的内容应该更加具体，这有利于不同类型的学生结合自身的优势和特点进行科学合理的分流，有利于不同人才的职业发展。大学阶段的职业生涯规划教育则更为具体，因为不同专业有具体的人才培养目标，高校所开展的职业生涯规划教育应该侧重于对不同职业的认同感、归属感和职业素质的培养，同时还要鼓励更多的学生参与创新创业教育，提升人才培养的质量。由此可以看出，职业生涯规划教育贯穿于教育的各个阶段，是一项系统、科学、循序渐进，集社会学、心理学、教育学、管理学等多学科知识背景的教育内容，是“以人为本”教育理念在不同教育阶段最真实的体现。

（三）高校是开展职业生涯规划教育的关键阶段

高校作为经济社会发展的助推器、优秀人才成长的摇篮，肩负诸多的社会责任和历史使命。作为向社会输送高级人才的基地，其重要的职能不仅是向学生传播科技人文知识，还在根据经济社会发展的需要提供必要的社会服务职能。结合我国的实际情况，在高校开展职业生涯教育，一方面有助于促进大学生充分有效就业，缓解我国高校毕业生的就业瓶颈，另一方面有助于大学生个体实现其职业生涯的终身可持续发展，最大限度地激发和挖掘大学生潜在的社会人力资源的价值。

作为教育体系的最后一个阶段，大多数学生个体在高等教育阶段将完成由学校人向社会人的转型。人才培养的质量关乎高校未来的生存和发展。高校人才培养目标的最终实现，从教育管理者的视角来看，除了建立一套科学完备的理论课程和实践课程体系以外，还需要站在学生的角度，从学生自身的兴趣、性格、能力、价值取向等方面考虑学生内在的真实需求，将科学规范的课程体系与学生的自由发展充分结合起来，激发学生潜在的学习热情和动力，让学生由被动的学习转变为主动的探索，这才是一个科学的、有生命力的人才培养方案。而职业生涯规划教育正是从对学生的自我认知、专业行业认知、社会环境认知着手，帮助学生用科学的方法分析自我成长和社会发展的关系，科学制定职业目标，科学制定决策方案，不断提升大学生个体的职业素质和能力。基于这种以自我探索和社会环境认知为前提的职业生涯规划教育，可以激发学生学习热情，尽早地确立自己职业目标，不断提升学生的自身素养，因此必须得到高校的高度重视。这也是作为高校帮助学生顺利完成由学校教育向社会适应顺利过渡的重要职责所在，可以有效地从源头上解决当前高校毕业生就业难和企业选人难的现实困境。

第三章　我国职业生涯规划教育的基本情况

一、我国职业生涯规划教育的发展进程及取得的成果

（一）我国职业生涯规划教育的发展进程

职业生涯规划教育最早被称为职业指导，我国的职业指导可追溯到20世纪20年代初期，受到西方国家的影响，我国的职业生涯指导开始萌芽。1916年，清华大学校长周寄梅先生首次将心理测试的手段应用在学生选择职业中，这标志着职业指导在我国开始建立。1920年，中华职教社成立了职业指导部，组织力量对社会职业状况进行调查，对职业选择方法进行演讲，开展了一系列职业指导活动。1924年，黄炎培、梁启超先生在中国上海发起建立了第一个“职业指导部”协助学生进行职业抉择。1929年，当时的南京政府全国教育会议通过了《设立职业指导所及厉行职业指导方案》，规定了一些实施职业指导的办法。1931年，南京国民政府成立了全国职业指导机构联合会，但旧中国经济凋敝，职业指导基本处于停滞状态①。

我国台湾地区的职业指导工作在20世纪50年代已经开始。当时在民间有很多的职业介绍所，但素质参差不齐，求职者往往受骗得不偿失，政府基于社会安定的考虑，于1956年在台北市设置第一个职业辅导所，提供免费的就业辅导，随后设置了7个就业辅导机构，38个就业服务站，构成一个就业辅导网。1982年台湾当局设置职业训练局（后改为劳委会）统筹全国职业训练与就业辅导事宜。连同在此之前所设的青年辅导委员会，其工作重点是就业辅导，包括职业介绍、职业交换、就业咨询、雇主关系建立等等②。台湾学者、美国库克大学生涯规划导论和体验教授的黄天中教授，在

① 姚裕群．职业生涯规划与发展［M］．北京：首都经济贸易大学出版社，2003：73-76.

② 吴孟洋．台湾高校学生生涯教育的实践与启示［D］．武汉：华中师范大学，2013.

汲取舒伯的“生涯发展理论”的基础上，倡导全人教育的理念，即充分发展个人潜能，以培育完整个体的教育理念，以生涯规划作为全人教育理念推行的有效载体，使人与人、人与社会之间建立一种相互依存、双胜双赢的人际关系①。中国台湾、香港地区在学生教育的全过程中，积极倡导职业生涯规划理念的推行和实践，积累了较为丰富的经验。

新中国成立后，国家进入到全面建设和恢复中，但由于实行计划经济和就业的统包统配等多种原因，职业指导没有得到足够重视。所以，在相当长的一段时间里，职业生涯教育问题一直是学校教育的空白。1987—1990 年，闻友信副司长主持的国家教委“七五”教育科学规划“职业指导的理论研究与实验”课题，成为新中国第一个职业指导研究项目。自此，职业辅导的科学研究正式启动。

改革开放的 40 多年中，中国经济建设取得了巨大的成就，高等教育也得以快速发展。职业生涯规划的理念也伴随着经济体制改革和市场经济的发展得以恢复。特别是 1990 年，国家教委成立了全国高等学校毕业生就业指导中心，全面负责高校毕业生就业工作。1993 年，中共中央国务院颁布了《中国教育改革和发展纲要》，明确提出改革高等学校毕业生就业制度，实行多数由学生“自主择业”的就业制度。1994 年，劳动部颁发了《职业指导办法》，明确提出职业指导介绍机构应积极开展职业指导工作。同年，国家教委文件指出，学校职业生涯辅导的任务是“帮助学生了解社会、了解职业和专业，了解自己的生理、心理、兴趣、才能和体质等特点，教育学生正确处理国家、社会需要与个人志愿的关系，增强职业意识和对未来职业适应能力，使学生能正确选择符合社会需要及其身心特点的职业或专业”②。1995 年，国家教委下发通知，要求各普通高校开设就业指导选修课，同时加强教材编写工作。1997 年，国家教委颁发了《普通高等学校就业指导工作暂行规定》，对高校就业指导工作作出了明确的规定，各高校纷纷建立了学生就业指导机构③。此项规定的发布，使得各高校开始关注大学生的就业和职业

---

① 黄天中. 生涯规划——体验式学习［M］. 北京：高等教育出版社，2009：31－32.

② 王莎佳，钱文彬. 我国大学生职业生涯规划教育的兴起、发展与挑战［J］. 教育与职业，2011（3）.

③ 方伟. 中国高校职业生涯规划教育的历史、现状及发展方向主题演讲［R］. 2010 年大学生职业生涯规划国际学术研讨会.

发展。1999年春，在北京大学、南开大学与摩托罗拉大学联合举办的MBA班中，率先聘请美国学者罗斯维尔讲授《职业生涯规划》课程，开辟了国内职业生涯规划教育的先河。为更好地适应社会需要，提升高校人才培养质量，1999年，劳动保障部制定颁布了《职业指导人员国家职业标准（试行）》，编辑出版了相应的培训教材。2000年6月，职业指导人员职业资格鉴定工作在全国范围内展开，标志着我国职业指导和职业介绍队伍建设进一步走向规范化，是对职业指导工作的一次有力推进。

20世纪末21世纪初，随着社会主义市场经济体制的建立和我国高等教育从精英化教育走向大众化教育阶段，高校毕业生就业制度改革也不断深化，“市场导向、政府调控、学校推荐、学生与用人单位双向选择”制度的确立，使职业生涯规划教育不仅成为一种可能，而且成为一种必要，各高校开始学习和推广国外比较前沿的理论和做法。空前的毕业生就业压力，迫使高校不得不注重职业指导工作的开展，大学生职业生涯规划教育普遍开展起来，各高校开始建立相应的生涯规划教育与指导机构，职业生涯辅导也终于取代了就业指导的地位，并扩展了就业指导的范围，使就业指导成为大学生职业生涯规划教育的一个组成部分，职业生涯规划教育也逐渐为我国社会各界所重视。

20世纪90年代中期，职业生涯规划开始在企业内应用实践，主要以北京的白玲为代表，她创办了白玲工作室，该机构是专业人才测评与职业生涯规划机构。现在白领工作室已更名为百中咨询，全称为北京百中智人咨询有限公司，主要致力于中国企业人才的识别、发掘和持续开发，用心打造国内人才测评领域的专业咨询品牌。2000年，程社明博士在上海复旦大学开设了职业生涯规划课程，受到学员的好评，这也标志着职业生涯规划正式进入高校。

2000年10月，北京市学联等单位发起在北京大学、清华大学、中国人民大学等8所首都高校组织开展“2000年大学生职业生涯规划”活动，受到大学生的普遍欢迎，标志着现代意义上的大学生职业生涯规划教育的正式兴起，大学生职业生涯规划教育作为职业指导教育的延伸和发展进入快速发展的阶段①。

近年来，内地很多高校因地制宜采取了很多措施，成立了专门机构，建

① 王莎佳，钱文彬．我国大学生职业生涯规划教育的兴起、发展与挑战［J］．教育与职业，2011（3）．

立了专业网站，开设了职业生涯辅导课程，进行了网络测评，成立了学生职业生涯发展社团，并组织开展较大规模的职业生涯规划设计大赛，使得职业生涯规划教育呈现出良好的发展态势。2007 年，教育部办公厅印发了《大学生职业发展与就业指导课程教学要求》的通知，要求所有高校开设职业发展与就业指导课程，并作为公共课纳入教学计划，贯穿学生入学到毕业的整个培养过程。至此，我国大学生职业生涯教育才算是有了真正的地位。2009 年由教育部就业指导中心举办的首届全国大学生职业生涯规划大赛成功举办，共 24 个省份千余所高校的 70 万名大学生参与，正式拉开了大学生职业生涯大赛的序幕。同年，教育部就业指导中心逐步在全国范围内开展“万名就业指导师培训计划”，考虑用 4～5 年时间，使全国的就业指导人员都接受相应的培训，提升高校就业指导的服务水平。

由于高校大学生就业难的问题已引起社会各界的广泛关注，除党和政府以及各高校进行大量努力外，一些从事职业生涯规划咨询、研究以及人才培训的社会学术组织和专业机构也纷纷建立。部分高校正积极联合社会职业规划教育和培训机构共同开展大学生职业生涯规划教育和服务，实现校内外资源共享，形成社会合力，共同推进中国高校大学生职业生涯规划教育。2004 年，北森公司与美国咨询师认证管理委员会 NBCC 合作成立 GCDF（全球职业生涯规划师）中国项目中心，专门用来培养专注在职业发展、职业生涯规划和职业咨询领域的专业人员。2010 年，教育部学生司面向高校的老师在北京师范大学设立了职业生涯发展与规划硕士班，目的就是能够从师资上为高校职业生涯规划教育做准备，提高高校教师专业化水平。此外，越来越多的高校职业生涯规划指导教师已经通过“国家职业指导师”、“全球职业生涯规划师”（GCDF）、“中国职业规划师”（CCDM）等项目的相关培训，取得相应资格证书，高校职业生涯规划教育的专业化师资队伍正在逐渐形成。北京大学就业指导服务中心与国内从事职业规划的专业机构——GCDF 中国项目中心（北森测评）深入合作，开展了一系列职业生涯规划推广工作，取得了很好的效果。

（二）我国现阶段职业生涯规划教育的研究成果

1. 职业生涯规划教育研究论文

伴随着大学生职业生涯规划教育的发展，相关研究论文的发表呈逐年上升趋势，学术界经历了从不关注到重视、进而发展成为研究热点的过程。通过对CNKI系列数据库的查询，以“高校”“大学生”和“职业生涯规划教育”为关键词，对2005—2016年发表的论文进行检索，共检索到10 064篇论文，其中期刊8 474篇，硕士论文1 309篇，报纸125篇，国内会议论文85篇，博士论文47篇，国际会议论文24篇。

表3-1 “高校”“大学生”“职业生涯规划教育”CNKI检索统计

年份	2005年	2006年	2007年	2008年	2009年	2010年
数量	117	212	409	677	802	1 104
年份	2011年	2012年	2013年	2014年	2015年	2016年
数量	1 189	1 161	1 113	1 065	1 101	1 114

通过对CNKI系列数据库的查询，以“高校”“大学生”和“职业生涯规划教育”为关键词，对2005—2016年发表的硕博论文进行检索，共检索相关论文1 349篇（表3-2）。研究较多的高校依次为华东师范大学、山东大学、天津大学、吉林大学和苏州大学。数据显示2007—2011年的相关论文的增量加大，这一时间节点与教育部印发的教育部办公厅［2007］7号文件正好匹配。2012—2016年的研究数量也都保持基本稳定，这是高校扩招造成的就业压力在相关研究中的持续反映，也与国家出台加强职业规划教育的有关政策密切相关，如图3-1所示。

表3-2 “高校”“大学生”“职业生涯规划”CNKI硕博论文检索统计

年份	2005年	2006年	2007年	2008年	2009年	2010年
数量	22	35	64	92	100	130
年份	2011年	2012年	2013年	2014年	2015年	2016年
数量	193	171	140	143	148	111

2. 职业生涯规划教育专业学术会议

2006年，在华南师范大学举办了“广东省高校就业与职业生涯规划高层研讨会”。2007年，首届“中国职业生涯规划国际论坛暨GCDF全球峰会”在北京隆重召开，这是我国在职业生涯规划领域举办的第一次全球性大

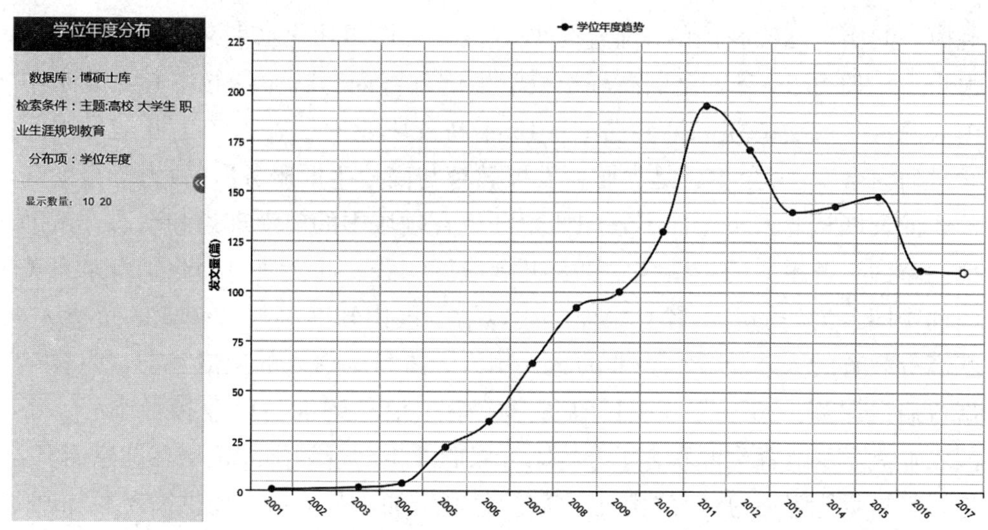

图 3-1　"高校""大学生""职业生涯规划"CNKI 硕博论文检索统计

会。大会主题是"职业生涯规划的国际前沿技术与实践"，围绕职业生涯规划的全球化发展，基于组织的生涯发展应用等内容开展讨论。2008 年，第二届"中国职业生涯规划国际论坛暨 GCDF 全球峰会"在上海举行。论坛的主题是"生涯发展中就业指导的国际技术与中国应用"，围绕高校职业规划服务体系的建立与实际应用、职业测评在生涯发展中的创新，职业生涯规划的全球化发展、职业生涯规划的创新前沿技术和其他国家职业规划体系的现状等内容展开交流，此次会议的成功举办，为完善和发展大学生职业生涯规划教育事业提供了宝贵的机会，将中国的职业生涯规划教育以及职业咨询服务行业推向更高的实践与应用层面。2009 年，团中央中国青少年发展服务中心主办了"中国就业与职业规划高峰论坛"，提出了以职业生涯规划促进就业的新思路①。2010 年，全国高等学校学生信息咨询与就业指导中心在北京中国地质大学举办了第三届"大学生职业生涯规划国际学术研讨会"，与会专家学者围绕"职业生涯规划体系的多元发展模式与技术实践"进行了深入的探讨。有来自美国、日本、韩国及中国台湾的著名生涯规划专家学者参会，共设置主题演讲 14 个，专题工作坊 3 个，参会的高校教师达千人的

① 王莎佳，钱文彬. 我国大学生职业生涯规划教育的兴起、发展与挑战 [J]. 教育与职业，2011 (3).

规模，此次论坛使我国的职业生涯规划教育工作国际化水平又向前迈进了一大步。2013 年 10 月，全国高等学校学生信息咨询与就业指导中心在北京中国人民大学成功举办了第四届“2013 年高校职业发展教育和生涯辅导国际学术研讨会”，大会主题是“职业发展教育与高校生涯服务”，致力于帮助高校职业发展从业人员全面了解职业生涯教育领域中的前沿理论和动态，帮助他们掌握生涯服务的最新技术以及开展应用实践。此次研讨会除了有来自美国和中国台湾的知名学者专家外，还邀请了国内知名高校和企业的负责人，就高等教育的人才培养和企业的选人用人，进行了深入的交流互动，内容丰富，启发深刻。2015 年，全国高等学校学生信息咨询与就业指导中心、中国农业大学和北森生涯联合举办的第五届职业生涯规划国际论坛在北京召开，论坛紧扣亟待解决的“大学毕业生数量急剧增加，劳动力市场供需矛盾加剧”“学业层次、专业结构失衡”“整体素质下降，就业不容乐观”等各种问题进行主题演讲，为职业生涯规划教育注入的新的思想和理念（表 3-3）。

表 3-3　国内职业生涯规划教育高层次学术研讨会统计

时间	地点	会议名称	会议主题
2006	广州	广东省高校就业与职业生涯规划高层研讨会	相关专题交流
2007	北京	首届中国职业生涯规划国际论坛暨 GCDF 全球峰会	职业生涯规划的国际前沿技术与实践
2008	上海	第二届中国职业生涯规划国际论坛暨 GCDF 全球峰会	生涯发展中就业指导的国际技术与中国应用
2009	北京	中国就业与职业规划高峰论坛	职业规划促进就业
2010	北京	第三届大学生职业生涯规划国际学术研讨会	职业生涯规划体系的多元发展模式与技术实践
2013	北京	高校职业发展教育和生涯辅导国际学术研讨会	职业发展教育与高校生涯服务
2015	北京	第五届职业生涯规划国际论坛	定位人生 成就发展

3. 职业生涯规划教育研究专著（教材）

在学术专著方面，不少学者均从某一视角对大学生职业生涯规划进行了研究。例如，罗双平的《职业生涯规划》主要从人力资源管理角度，全面论述了生涯规划的意义、原则、过程与方法；张再生的《职业生涯管理》侧重从宏观和微观角度全面阐述了职业生涯的基本理论及企业员工的职业生涯管理；孟万金的《职业规划：自我实现的教育生涯》主要从教育哲学与社会学角度论及个人进行职业规划的社会意义；黄天中的《生涯规划：体验式学习》从生命尊严、生活品质、职业生涯和终身学习四个不同的人生切入面出发，对人的整个生涯发展进行了系统全面又极富针对性的阐述。这些专著虽也论及大学生职业生涯规划，但专门论述大学生职业生涯规划的专著尚属空白。此外，为配合职业生涯规划课程的开展，众多高校和研究机构编写了一大批不同版本的职业生涯规划教材。尽管这些教材的质量参差不齐，但一定程度上推动了我国大学生职业生涯规划教育的发展。北京大学职业发展导师、全球职业规划师中国地区首席培训师钟谷兰译注的《把握你的职业发展方向》《人的行为与组织管理》《全球职业生涯规划师课程培训学习指南》，以及香港中文大学心理咨询与治疗方向的杨开译注《职业锚》《经营你的大学》《职场获与惑》，古典编著的《拆掉思维的墙》，倪坚编著的《职业生涯规划解码》等应该是当前有关职业生涯规划教育的专业指导教材。各个高校也结合自身的优势和特点积极探索大学生职业生涯规划教育的新方法和新模式，取得了明显成效。

（三）我国职业生涯规划师资格认证情况

1. 全球职业生涯规划师认证（GCDF）

美国认证咨询管理委员会（NBCC）的全球化认证体系 Global Career Development Facilitator（简称全球职业规划师）是一个全球性的认证体系，多年来在十几个国家培养了数以 10 万计的职业生涯规划和职业咨询专业人员。目前，GCDF 认证培训已经在美国、加拿大、日本、新西兰、欧盟等近 20 个国家和地区推行，拥有 14 种语言版本，GCDF 正在为全球 50 多个国家提供职业规划服务，并作为美国职业咨询师的必备证书和上岗资格证书之一，已经成为全球职业生涯规划的行业标准。

GCDF 正式进入中国是在 2004 年，GCDF 中国的课程由国际顶尖职业规划大师 James 教授及 Howard 教授设计，中方组织的专家团队进行了为期一年的汉化。北京师范大学侯志瑾教授等职业规划学院派专家，朱伦、杨开等职业咨询实践资深人士，钟谷兰女士等接受过美国职业规划系统学习、实践的归国人员，刘启国等管理实战派职业经理人等近十人，对其中部分进行修正，使其符合中国经济、文化的特点。GCDF 是我国第一家引进美国全套职业辅导体系的培训，引进者在本土化方面做了许多细致而有成效的工作。

想要成为一名合格的 GCDF，必须参加 120 小时的专业培训，接受专业的咨询师、心理测量专家的亲授。不同的教育背景对工作经验的要求不同，专科生为 4 200 小时，大约三年的工作经验；本科生为 2 800 小时，大约二年的工作经验；硕士研究生为 1 400 小时，大约一年的工作经验；博士生不要求有工作经验。培训和认证是两个相对独立的环节，如果申请人在接受培训前根据要求完成 25～40 小时的自学；培训期间认真听课、积极参与，则可以在申请后的 2 个月左右顺利拿到 GCDF 证书。通过 GCDF 等于申请人在职业发展领域的背景和知识得到了认证，同时帮助其建立起系统的职业发展的知识体系。对所有人而言，GCDF 的价值在于它是一个获得全球认可的认证，这个认证具有巨大的市场潜力，它标志着认可你的专业知识和专业职业咨询师的身份，同时它又是一个全球性的技术标准。不仅如此，成为 GCDF 后，可以获取极为丰富的资源，这些资源包括加入 GCDF 网络，获取最前沿的职业发展方法及思想和定期接受相关的培训，以不断提高自己的专业能力。

2. CCDM（China Career Development Mentor）**中国职业规划师认证**

该体系由一批精通国际国内最前沿职业规划和生涯管理技术的诸多大师共同研究设计而成，经过近十年的发展和完善，该体系以其系统性、专业性和实战性被业界推崇。CCDM 已经成为职业规划从业者专业性的象征，更是从业者实操能力的权威证明，是职业规划从业者的必修课。早在 2004 年，政府有关部门将其作为上海市紧缺人才培训工程的重要项目，立足上海，面向全国推广。它是全国唯一政府认可的职业规划师资格认证培训项目。

2007 年，作为全国人才服务领域的领军组织，上海人才服务行业协会将中国职业规划师资格认证系列培训定为特别推荐培训产品，并在全行业进行广泛推广。2009 年，作为职业规划领域的行业协会，中国职业规划师协会将中国职业规划师培训体系正式确定为行业官方标准，进行全国统一的资格认证考核，并开展专业人才培训。

中国职业规划师认证培训体系由自助级（初级）、助人级（中级）和专家级（高级）三个级别六大项目和 16 个课程构成。自助级的求职就业特训营和职场精英特训营是职业规划技术和理念在个体求职及职场发展方面的具体应用，培训过程以训练为主，学员在参与、分享、感悟过程中学到职场生存与发展的精要。助人级课程包括三个项目，CCDM 标准版课程、在企业领域的应用体系课程 ECDM 员工职业发展导师，及专业级职业规划个案咨询辅导训练课程 CCDM 商业咨询。其中 CCDM 标准版课程是所有助人级及专家级人才必修的通用课程，它同时也是专业基础。专家级是针对助人级学员的提高课程。只有足够的专业基础并有一定的专业实践经验才可以申请参加该课程。

获取 CCDM 认证，表明你已经取得了职业规划、职业咨询领域的专业身份，具备了职业规划咨询的专业能力，同时也意味着你加入了全国职业规划专业人员俱乐部。CCDM：由中国职业规划师协会权威认证。由职业规划咨询权威机构——向阳生涯统一组织认证培训，是国内唯一政府认可的职业规划师资格证书，而向阳生涯在职业咨询方面所积累的大量案例经验更是让课程的实战性非常强。系统学习后结合案例实战，再通过严格的书面（闭卷）及案例实战考核方被认可。

3. CETTIC 全国生涯规划师

CETTIC 全国生涯规划师是由中国人力资源和社会保障部中国就业培训技术指导中心颁发的资格认证。该证书表明持证人已通过劳动与社会保障部就业培训技术指导中心的相关职业资格考核评审和注册，具备了相应职业的工作能力和业务水平，可作为从事本专业工作和用人单位招收录用本专业人员的依据，并登录在就业培训技术指导中心官方网站证书查询栏中，可对证书进行网上查验。

该认证培训的主要内容涉及三个模块，模块一：个人生涯规划理论与技术。主要内容包括生涯规划师导论，介绍职业生涯规划的相关概念、理论、流派、个人兴趣、价值观与职业生涯的关系等。模块二：组织员工生涯规划理论与技术。内容包括对能力的介绍、分类、职业三叶草模型、职业倦怠的解决技术、职业发展（CD）模型解读、CD 模型下的企业人力资源战略。模块三：整合生涯理论基础与考试。主要内容包括生涯决策之术、CASVE 决策流程的介绍及应用、自我沟通与接纳的 5 个阶段、决策的 5 个阶段及生涯平衡单的使用、元认知提升技术生涯应变之术、生涯韧性的学习与技术培养生涯平衡之术、建构理论应用技术：鱼骨图、自我书写、教练技术、发展与建构论框架下的后现代生涯解决思路等。

为推进行业发展，帮助越来越多的有志之士进入这一行业，新精英联手就业培训技术指导中心特开设中国生涯规划师培训班，希望可以聚集中国职业生涯最优秀的传播者与实践者，以星火之力，点燃国人心中干柴，让职业生涯规划行业成燎原之势。

4. UCT（高校生涯导师）认证

UCT（University Career Tutor）培训的主要对象是全国各大高校的就业指导老师。UCT 是北京仁能达教育 CTTP（Career Tutor Training Program）培训体系中专门针对高校教师进行学生职业生涯教学与指导的认证培训。该认证培训分为三个层次，CTTP 职业规划初级：职业规划教育师资培训，CTTP 职业规划中级：个体职业咨询，CTTP 职业规划高级：团体职业咨询。此外还有专门针对就业指导、能力提升等方面的培训；CTTP 职业能力提升训练、CTTP 就业指导 & 教学技能培训等。目前在高校教师中的认同率正在扩大。

二、《2010 中国高校职业生涯规划教育现状调查报告》解析

（一）调查报告的基本情况

2010 年 10 月，在中国地质大学（北京）召开了中国高校职业生涯规划教育国际论坛，大会发布了《2010 中国高校职业生涯规划教育现状调查报告》。此次调查主要由两个主要部分组成，第一部分调查学校就业指导和职业生涯规划工作的相关领导，涉及学校工作的整体安排，人员情况、投入资源、主要工作开展方式、特色经验和未来工作重点等方面。第二部分调查的是具体从事就业指导和职业生涯规划一线教师，涉及教师对职业生涯规划工作的整体认识，对学生问题的把握及当前高校职业生涯规划工作的开展情况，老师遇到的瓶颈问题及期望等。

调查通过网络问卷和纸笔答题的方式，共获得 85 所高校的数据，删除重复学校和非就业指导中心领导作答问卷 10 份，最终获得 75 所高校的数据，有效率为 88.24%。调查采取网络问卷和纸笔答题的方式进行，获得数据 941 份，删除高中教师和企业人力资源人员数据 16 份，删除 1 份重复数

据，删除1份缺失数据，最终获得有效数据923份，有效率为98.09%。以下是相关的调查数据（图3-2）①。

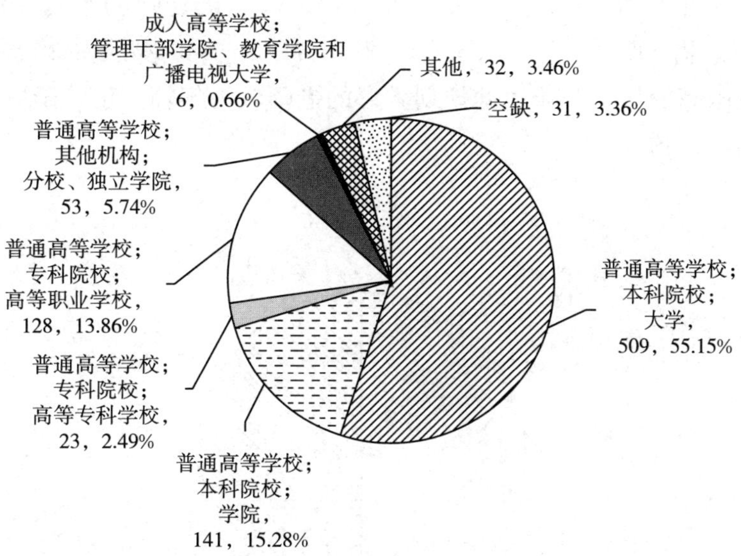

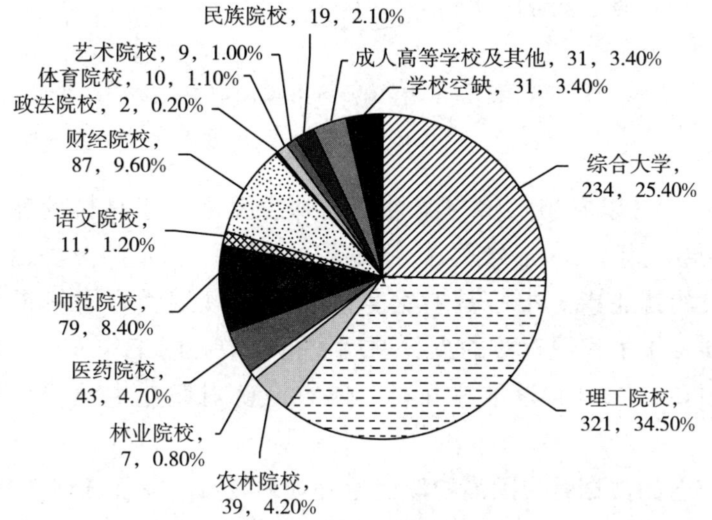

图3-2　2010年中国高校职业生涯规划教育现状调查学校分布情况

① 来源于《2010中国高校职业生涯规划教育现状调查报告》。

1. 年龄

受访者中年龄最小的老师为 22 岁，年龄最大的 62 岁，平均年龄 34.88 岁，年龄标准差为 7.202。从表中可以看出，受访老师的平均年龄分布在 26～30 岁，占 31.9%；31～35 岁占 20.5%；36～40 岁的占 20.3%，这说明目前我国高校从事职业生涯规划教育的老师较为年轻，正处于事业发展的黄金时期，如图 3-3。

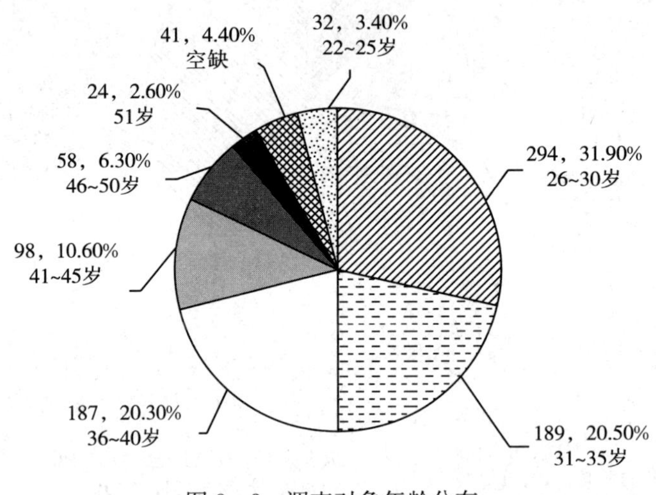

图 3-3　调查对象年龄分布

2. 职务

从图 3-4 可以看出，参与调查的老师主要来自于高校的就业指导中心院系的领导占 13%，辅导员占 16.36%，教师占 17.01%。由此可以看出，各高校的就业指导中心是对学生职业生涯规划教育了解最全面的部门，对此项工作了解最直接的人员是就业指导中心的工作人员、院系主管学生工作领导和一线的学生辅导员，还有一些对职业生涯规划感兴趣的老师。

3. 从调查的数据看我国高校职业生涯规划教育的发展脉络

在此次调查数据中，问卷设计了各高校开展职业生涯规划教育的时间，如图 3-5 所示。

数据显示，被调查的 75 所高校中有 74 所已经开展了职业生涯教育工作，说明此项工作已经得到了很好的贯彻和普及，起步工作基本完成。

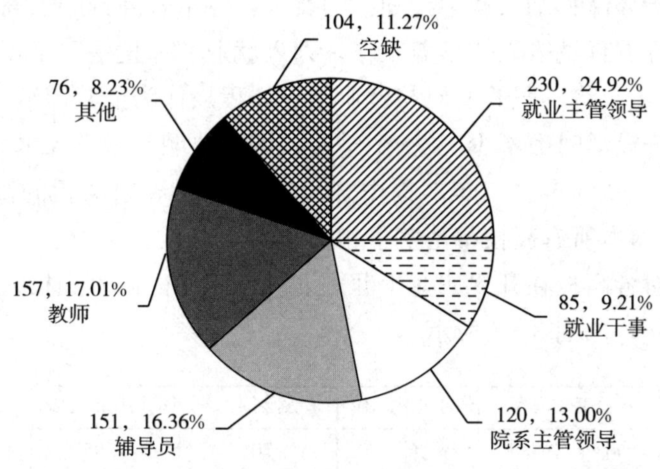

图 3-4　调查对象的职务分布

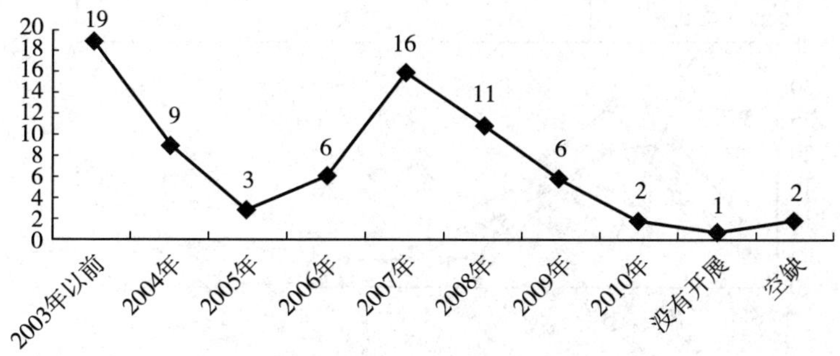

图 3-5　调查高校开展职业生涯教育工作情况

从时间的具体分布来看，有两个时间点比较集中，即 2003 年和 2007 年。之所以有这样的集中表现，主要源自于我国高等教育发展的实际。1999 年高等教育第一次扩招，2003 年是首次扩招的学生就业，因为就业的学生数量激增，就业形势压力巨大，为应对就业工作的压力，适应今后大学生就业工作的需要，2003 年有 19 所高校开始启动职业生涯规划教育工作。到了 2007 年，由于高校学生的就业压力一直存在，总量不断增加，国家认识到解决大学生就业工作的重要性，一再强调要落实高校毕业生的就业工作。为此教育部发布教高厅［2007］7 号文件《教育部关于大学生职业生涯发展与就业指导课程教学要求的通知》。通知认真落实国办发［2007］26 号文件关于“将就业指导课程纳入教学计划”的要求，要求各高校必须高度重视，切实把就业指导课程纳入人才培养工作，列入就业“一把手”工程。提倡所有高校从2008年起将《职业发展与就业指导课程》作为公共课纳入教学计划，建议各高校开设学时数不少于38个学时，同时要明确教学大纲和教学计划。所以在2007—2009年这三年，集中开设职业生涯规划课程的高校比较多。到2010年，基本所有高校都落实了相关政策要求。

调查中对各高校在开展职业生涯规划教育工作的内容和投入精力方面也做了具体了解，如图3-6所示。

各项工作内容	最小比例（%）	最大比例（%）	平均比例（%）
事务性工作比例	0	70	31.95
就业渠道工作比例	5	80	31.78
职业规划工作比例	5	70	26.68
其他工作比例	0	25	9.59

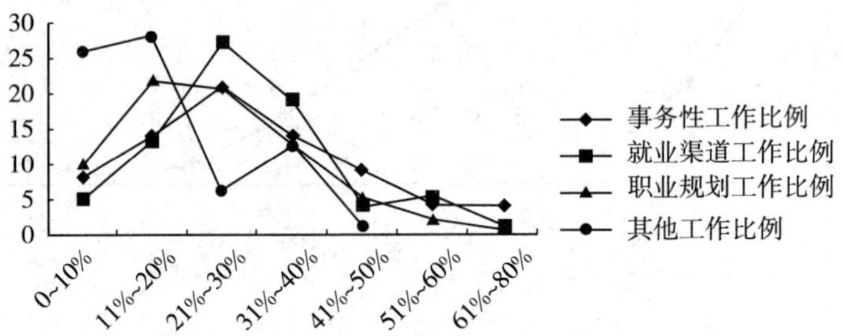

图3-6　高校开展职业生涯规划教育工作的内容

在各高校就业指导中心，各项工作的比重，其中事务性工作所占的最大比例为70%，平均为31.95%。就业渠道工作的最小比例为5%，最大比例为80%，平均比例31.78%；职业生涯规划工作的最小比例为5%，最大比为70%，平均比例为26.28%。由此可以看出，高校就业指导中心的工作基本处在“三足鼎立”的状态，即事务性工作、就业渠道工作和职业生涯规划工作各占30%左右。但在不同高校，三项工作的比例也有较大差距，大部分高校的职业生涯规划教育工作所占的比例在10%～30%之间，事务性工作占50%～60%之间；一些知名高校，就业情况好的高校，事务性工作的比重较小，职业生涯规划教育工作所占比重较高。

从各高校在职业生涯规划教育的经费投入上，也可以发现职业生涯规划教育的发展受到一定的限制。因为36%的高校在职业生涯规划教育方面的投入仅占就业经费的5%，73.33%的学校其职业生涯规划教育的经费投入没有超过就业经费的15%。具体如图3-7所示。

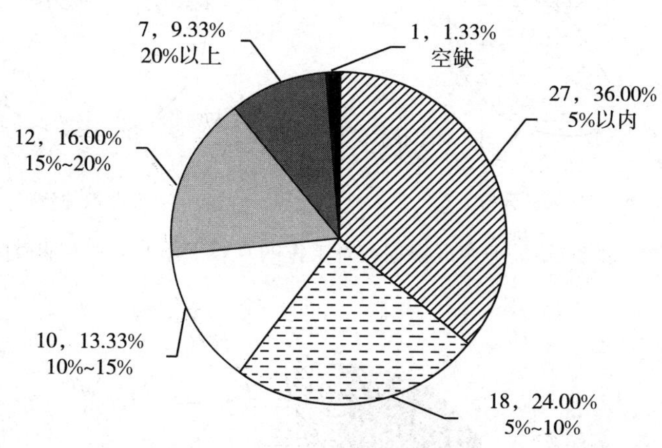

图3-7 高校职业生涯规划教育的经费投入占就业经费的比重

由此可以得出以下主要结论：职业生涯规划教育工作正在被越来越多的高校所关注；各高校就业指导中心的工作内容因学校性质、知名度和就业情况的不同，各项工作所占比重有较大差距，发展不平衡。

在开展职业生涯规划教育工作中，师资力量处在急需发展和提升的状态。在就业指导工作中，专职工作人员在1～8人之间。其中3～5人的占到了40%左右，6～8人的占29.33%；3人以下的占到了18.67%。就业指导中心专职职业生涯规划教师数，2～4人的占42.67%；5～8人的占12%；仅为1人的占到13.33%；一个都没有的占20%。

由此可见，从事职业生涯规划教育的专职老师是非常少的，与职业生涯规划教育的重要性是不匹配的。具体数据如图3-8所示。

调查发现，从事职业生涯规划教育工作的兼职教师有一定的数量。12人以上的占42.67%，9～12人的占12%；6～8人的占16%；3～5人的占13.33%；1～2人的占10.67%；没有兼职教师的占5.33%。如图3-9所示。

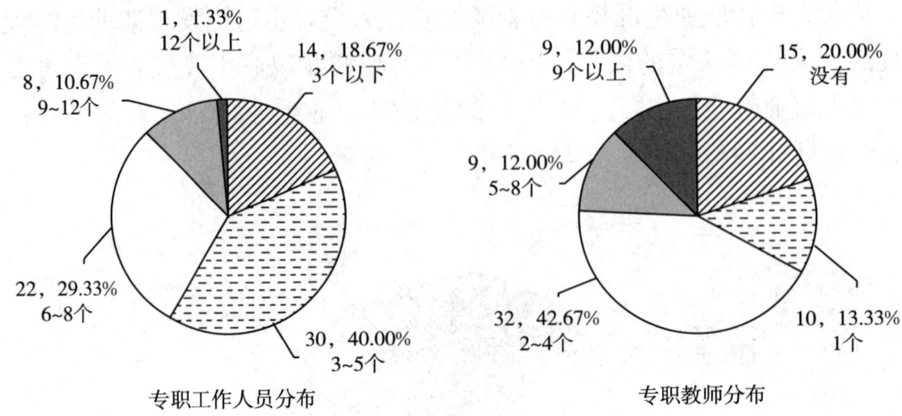

图 3-8　高校从事职业生涯规划教育工作的专职工作人员和专职教师情况

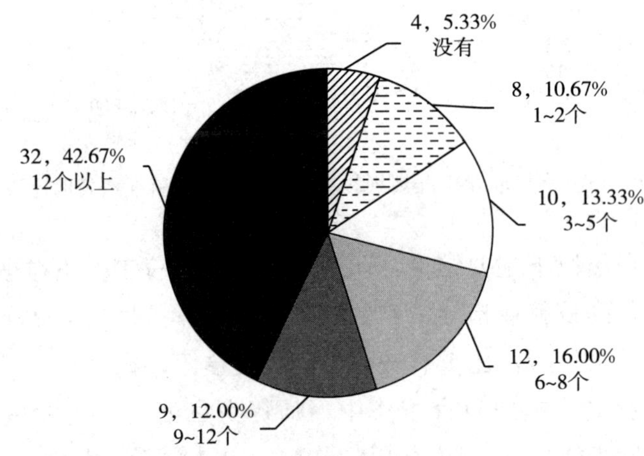

图 3-9　高校从事职业生涯规划教育工作兼职教师分布

在参加调查的老师中，对教师的学历层次也做了具体了解。如图 3-10 所示：98.9%的老师都在本科以上，研究生学历的占 59%，博士学历的占 4.4%。这表明在高校从事职业生涯规划教育工作的教师学历较高，有较好的发展基础。

在具体调查中，有一个问题需要注意，从事该项工作的老师所学专业和从事的职业生涯规划教育工作不是很对口，仅有 32.4%的老师其专业与该工作相关；63.6%的老师与该工作不太相关，甚至 31.2%的老师表示自己所学的专业与职业生涯规划工作没什么关系。如图 3-11 所示。

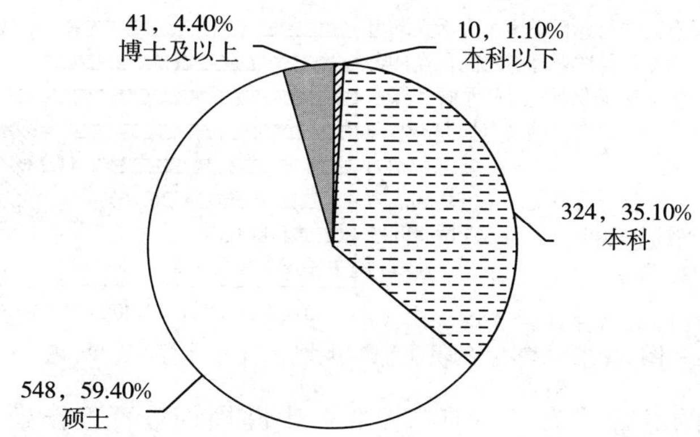

图 3－10　高校从事职业生涯规划教育工作的教师学历分布

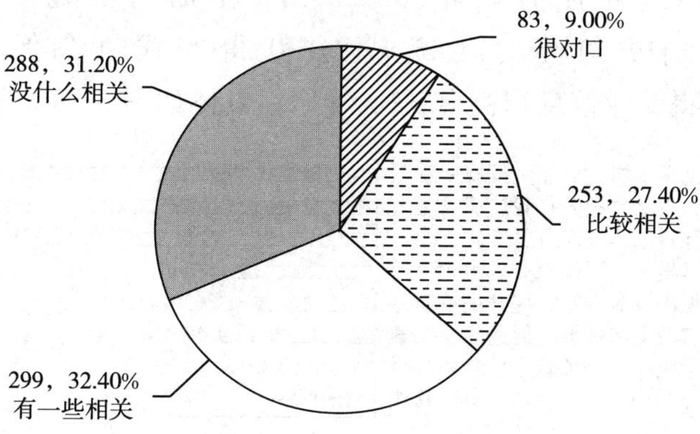

图 3－11　教师专业与职业生涯规划工作的相关性

由此可以得出以下主要结论：在高校从事大学生职业生涯规划教育工作的专兼职老师在人数上是不足的，虽有较高的学历，但其学历背景和专业背景与此项工作没有很好的对接，其职业化、专业化水平不高，急需加强。

4. 高校学生在职业生涯规划教育方面存在的主要问题

从接受调查的老师所反映的情况看，学生在职业生涯规划教育方面存在的主要问题，如图 3－12 所示。

学生没有人生目标，学习、生活无动力占到 70.21%；个人特质、能力和所学专业及职业理想之间存在冲突的占 53.52%；缺乏对工作实际的了解占 48.54%；对自己的特点认识不透的占 46.05%；缺乏行动力的占 41.28%；缺乏有效的决策方法和能力的占 26.76%。

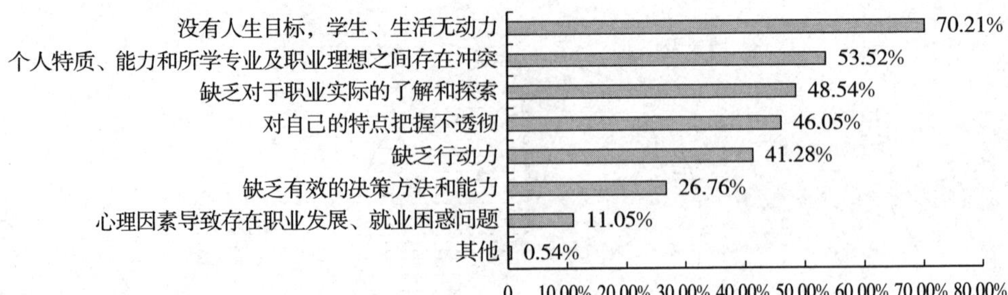

图 3-12　学生在职业生涯规划教育方面存在的问题

接受调查的老师认为，当前高校职业生涯规划教育工作最重要的工作依次是，帮助学生树立职业生涯意识（79.4%），帮助学生认识自我（71%），帮助学生提高自身能力素养（52.3%），全面科学地安排大学生活（27.4%）；提升决策能力（26.4%）；获得实践机会促进职业探索（18.9%）；获得就业信息和机会（10.8%）。具体如图 3-13 所示。

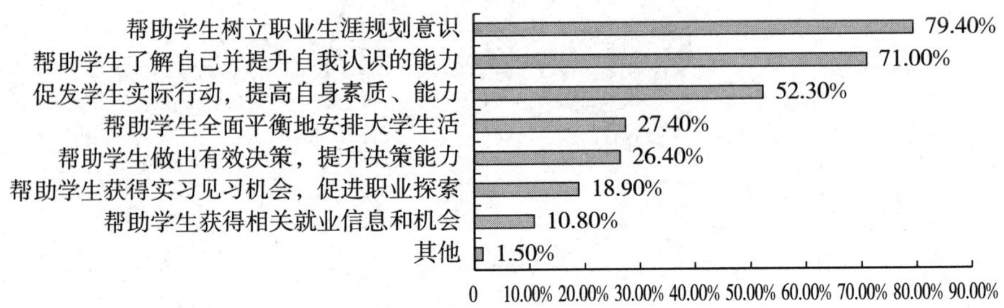

图 3-13　教师对职业生涯规划教育工作的认识

5. 高校开展职业生涯规划教育的理念和实施途径

为了更好地将职业生涯规划教育的理念、方法教授给广大学生，各高校通过各种渠道和方式开展了大量实践，具体情况统计如图 3-14、图 3-15：

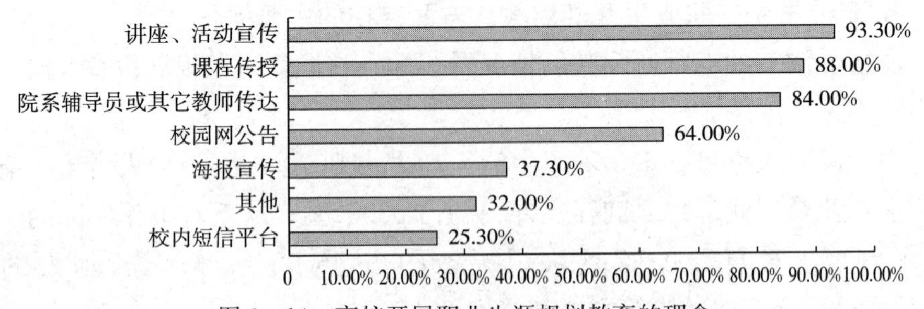

图 3-14　高校开展职业生涯规划教育的理念

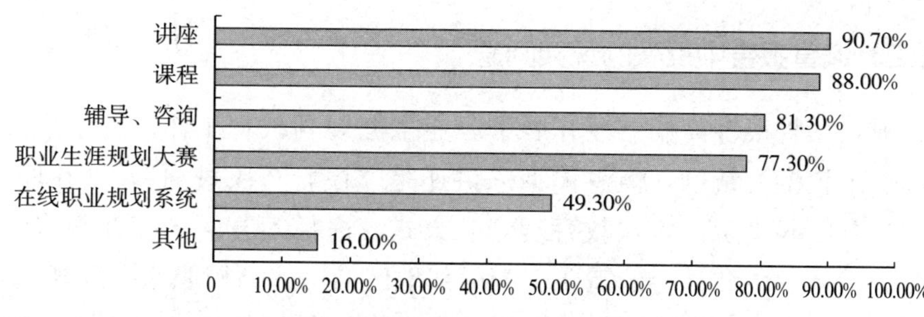

图 3－15 高校开展职业生涯规划教育的实施途径

在对高校从事职业生涯规划教育工作的专、兼职老师的调查中，一线教师也有很多的工作困难，62.73％的老师认为急需提升自己的专业性，51.68％的老师感觉缺乏专业方面的指导和交流，47.35％的老师认为缺乏职业生涯规划工作的整体氛围，32.07％的老师认为缺乏有效的资料、教材、大纲等指导性文件。具体如图 3－16 所示。

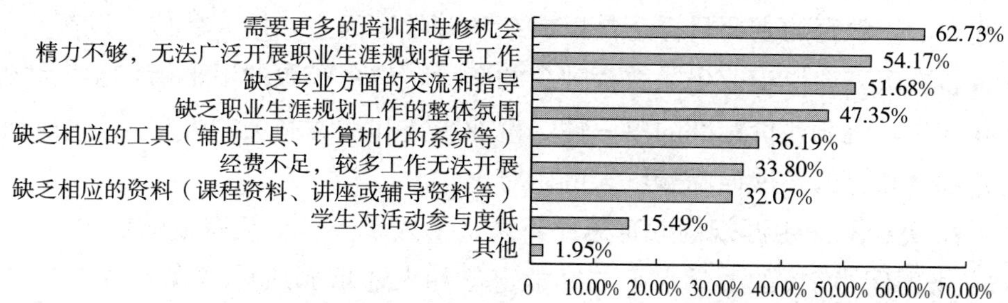

图 3－16 高校教师在职业生涯规划教育工作中遇到的困难

调查对当前高校职业生涯规划教育常见途径也做了相关了解，排在前四项的是：讲座、课程、辅导和咨询、职业生涯规划大赛。如图 3－17 所示。

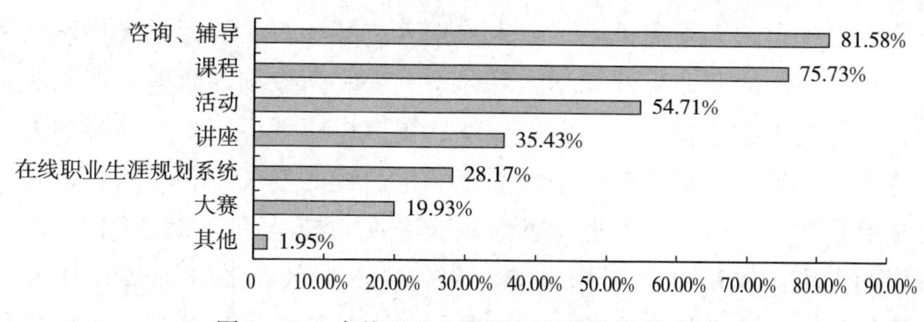

图 3－17 高校职业生涯规划教育的常见途径

（二）调查报告中反映的现实问题

目前，尽管很多高校已经开展了职业生涯规划教育工作，为学生择业、就业提供了较多的帮助，但总体上来讲还是“摸着石头过河”，处在职业生涯规划教育的起步阶段，在教育理念、方式、途径等方面还存在很多问题，不能充分满足学生和社会的需要。中西部地区的一些高校职业生涯规划教育才刚刚开始，本土化的职业生涯规划教育工作还在探索之中，存在的主要问题有以下几个方面。

1. 职业生涯规划教育的基础较差，整体的教育环境缺失

目前，我国职业生涯教育主要集中在大学阶段，学前教育、小学、初中和高中阶段几乎没有关于职业生涯的教育内容，学生从小对职业发展缺乏认知、缺乏体验。想要在高校系统开展职业生涯教育并达到很好的效果，客观上来讲是非常困难的。加之应试教育的巨大惯性在一段时间内还长期存在，家庭和学校教育的主要目标还是以成绩和升学率为主，用人单位更以高校的排名和层次来选择毕业生，教育理念的落后，教育资源的不平衡，学生线性发展方式，就业评价标准的单一性，就业服务和保障制度的欠缺，都使职业生涯规划教育的发展面临着巨大的困难。

2. 高校职业生涯规划教育思路不清，形式单一，缺乏有效的合力

由于不同高校的办学水平、办学定位和人才培养质量客观上存在差异，各种学科专业的人才培养方案也有很大不同，客观上对职业生涯规划教育的内容、形式、目标也提出了更多、更高的要求。但在高等教育跨越发展的过程中，一些高校更多地注重学科、专业、科研、人才队伍建设，求大求全，但却忽视了自己的优势和特色，对学生的成长和职业生涯发展认识不够，没有充分考虑社会的人才需求，结合人才培养方案和自己的特色优势建立起多元、科学、规范的职业生涯规划教育体系。一些高校领导简单地把职业生涯规划教育等同于就业指导，只要上上课、搞搞讲座就可以了，只要学生毕业后有业可就，有地方可去就行了，至于学生后续的发展不管不问，这对一所高校来讲是非常失败的。职业生涯规划教育在高校是一项系统工程，需要针对不同的学生群体量身定制相应的课程内容，尤其是要加强实践环节的教学，让学生有更多的机会去体验、去学习、去感受，在这些亲身经历过程中

学生才能成长。这些工作需要全员的参与和配合，需要教务部门、学工部门、招生就业部门等单位的支持，更需要校友、企业、政府和各种社会力量的参与，形成合力，才能取得好的效果。

3. 高校职业生涯规划教育的人员素质不高，职业化发展的渠道不通畅

职业生涯规划是一项专业性很强的教育工作，需要有专业的工作人员来组织教学、科研、咨询和指导。目前，国内还有相当一部分高校尤其是中西部高校还没有成立专门的机构开展职业生涯教育工作，从事相关工作的老师大多都是从事学生工作的辅导员、班主任。他们虽有丰富的学生工作管理经验，但在职业生涯规划教育方面却缺少专项的训练，没有得到系统的培训，因此工作的开展大多停留在就业推荐和服务等事务性工作，对学生的职业生涯规划还不能从心理学、社会学、管理学的角度来进行挖掘。更为重要的是，这些从事职业生涯规划教育的学生工作者其工作岗位是动态变化的，而且没有自己的职称系列，未来职业发展路径是不明确的，这严重制约着职业生涯规划教育的专业化发展。所以，当前高校职业生涯规划教育的专业化发展任重而道远。

4. 职业生涯规划教育的权威认证工作需要加强规范和管理

根据调查发现，当前社会上关于职业生涯规划师的认证大概有四类，其中仅有 CETTIC 全国生涯规划师是由官方即人力资源和社会保障部中国就业培训技术指导中心颁发的认证。该证书表明持证人已通过劳动与社会保障部就业培训技术指导中心的相关职业资格考核评审和注册，登录在就业培训技术指导中心官方网站证书查询栏中，可以对证书进行网上查验。其他三种职业生涯规划师的认证都是由企业来负责运行的，如北森引进的 GCDF，向阳生涯负责的 CCDM，新精英发起的 UCT。为了扩大在业内的影响力，这些企业都争相与政府、教育主管部门或国内知名高校联系合作，打出各自的特色和优势，来吸引不同的群体参与职业生涯规划教育的本土化研究和推广，对广大职业生涯规划教育的初学者来讲各有利弊。有利的一面体现在，有不同的认证培训机构同时存在，可以更好地为不同社会群体提供不同的教育内容，引入竞争机制，更好地促进行业发展。不利的是，由于政府对当前职业生涯规划教育的引导和规范不到位，行业间的竞争非常激烈，职业规划的教育内容和形式差别较大，培训效果很难衡量。如果就职业生涯规划教育的长远发展来讲，需要有国家层面的介入和指导，针对不同群体和行业设置不同的门槛和标准，加强规范，通过立法和制度保证，加快职业生涯规划教育的本土化发展。

三、我国内地高校职业生涯规划教育的成功经验

（一）清华大学

清华大学学生就业服务中心于 1998 年 3 月正式成立，2006 年 9 月改名为清华大学就业指导中心。2008 年成立“清华大学创业教育创新实验区”。经过多年的积累，学校持续关注毕业生的成长，已经形成了“扶上马、送一程、关心一生”的工作理念。在学生中也逐渐形成“祖国至上、人民为先、事业为重”的职业价值观。

2015 年清华大学毕业生人数 7 677 人，其中本科生 2 647 人，就业率 96.90%（其中签约率 31.82%，升学率 33.2%，出国率 31.88%）。清华大学积极构建专业化的职业发展教育体系，成立职业发展中心，倡导全体教师积极关注大学生职业生涯科学发展。学校统筹各方资源、综合运用课程、咨询、教练、职业导师、朋辈教育、学生社团等多种教育方式，建立起多层次、立体化、广覆盖的职业发展教育体系，对大学生进行价值塑造、能力培养和知识传授。在研究生院，针对研究生开设《研究生学术与职业素质讲座》课程，激发学生学术志趣，提升职业素养；各学院结合自身的学科特点开设职业辅导课程，如经管学院的《职业发展规划》、金融学院的《金融发展与职业人生》、计算机学院的《计算科学与生涯规划》等，课程设置有层次、有针对性①。

此外，学校还以班级为单位积极开展“生涯拓展训练营”活动，成立学生职业发展协会，开展职业生涯教练计划（career coach）、行业认知计划（Industry Leading Program），举办国企大讲堂等活动，邀请来自重点高校、重要科研院所、特大型国企、重要军工集团、主流媒体、重要金融机构、部队、党政机关等八大重点行业的50 位嘉宾作为教练，针对选拔的优秀学生

① 清华大学 2015 年就业质量报告.

进行指导和训练。

学校不断完善创业工作机制，培养创新创业人才，构建了覆盖启蒙、训练、实战的全过程创业教育体系，通常线上线下两类平台协同推进创新创业教育。学校已经建立了创新实验室（X-lab）、创客空间、学生未来兴趣团队，创新＋创业孵化平台等多个创新创业教育平台。设立“启创”学生创业人才培养计划，致力于培养面向未来的研究型、创新型、管理型、国际型的高水平创新人才。举全校之力，为学生搭建高端的实习考察机会，并与腾讯、爱奇艺、微软等知名企业建立长期合作，对接产业和政府资源，让学生的创新创业落地开花。

完善就业信息平台，开展就业调查研究。清华大学根据不同学生群体的需求，挖掘不同媒体的信息传播特点，着力完善以毕业生就业信息网为基础、移动平台和社交网络为拓展的“一体两翼”信息平台，及时推送就业信息，动态分析了解学生就业去向、地域分布和行业分布。借助大数据平台信息，调研每一届毕业生的就业去向，形成就业质量调研报告，并将报告内容反馈给各个院系，作为职业辅导和人才培养的重要参考。在《清华大学关于全面深化教育改革的若干意见》中也明确指出：“把学生的人生发展和职业发展指导贯穿到人才培养的全过程，帮助学生开展职业生涯规划、自主选择人生发展目标。”

（二）北京大学

北京大学就业工作的目标确定为“帮助每一位毕业生找到适合他的人生方向和发展前途”，将来能够有良好的人生发展平台。北京大学的就业工作分为三个层面：第一个层面，就业指导；第二个层面，职业指导；第三个层面，事业指导。

1. 加强课程建设，培育优质精品课程

北大比较早地设立了职业生涯教研室，加快就业学科建设和课程改革，突出课程的针对性、参与性和实效性。“大学生职业生涯规划”课程一举荣获北京地区以及全国高校职业发展与就业指导示范课程。课程采取大班讲授和小班讨论相结合的方式，激发学生的参与热情。学校开设的《创业教育》课程经过两年多的完善已经被评为“KAB创业教育基地”。此外，还组织开展了“诺基亚青年创业大讲堂”、“2009RUBII璐比青年创业教育计划”、“中国企业主力大学生就业创业公益论坛”等系列创业教育活动，被团中央评为“2009年度创业教育先进单位”。学校还组织力量实行“一对一”的职业发展指导，成立了“职业发展茶空间”、“职场北大人”、“职业素质大讲堂”、“生涯导航—学生职业发展训练营”等系列品牌活动。

2. 开展创业教练计划，提高学生创业意识和创业水平

“北京大学创业教练计划”，就是针对所有的北大在校生，如果有好的创意或创新团队，经就业中心和校团委的审核并通过，北大就业指导中心从北大的校友企业家中聘任一位做专任的创业指导教练，“一对一”地对学生进行指导，通过创业教练丰富的实践经验和他们雄厚的资金支持，不仅能够让毕业生创业成功，而且体验到创业是一种人生的追求和态度。2014年4月，北京大学“创业教育与实践基地”落户中关村创业大街。2014年末，以“政府资金引导、社会资本运营”为宗旨的北大创投基金正式设立，这为学生的职业和事业发展提供了有力支撑①。

3. 打造人才论坛，疏通实习、就业、创业渠道

北京大学在具体实践中，注重把握好创新与创业、生存型创业与机会型创业、商业创业与公益创业三组概念，提出“以就业的标准实习、以创业的精神就业”的口号，初步形成涵盖三大模块的创新创业育人体系：一是以教务处、研究生院和就业指导中心为主体的教学改革与人才输送的引领体系；二是以校友会、产业技术研究院和科技园为专业教学和与专业实操的训练体系，提升学生的职业意识和职业能力，为学生事业发展提供平台；三是以学生工作部、校团委和相关院系为主体的学生实践和课外活动的实践体系。学校各部门的通力合作和校友、企业的支持互动，使得北大就业职指导工作层次分明、特色鲜明、成效显著。

（三）中央民族大学

中央民族大学各级党政领导高度重视就业工作，将其列为学校“一把手”工程，并于2008年7月成立就业工作处，专门负责全校本科生、研究

① 北京大学2014年毕业生就业质量报告.

生就业工作。随着大学生就业制度的不断改革和就业指导服务的不断发展，就业工作处也不断进行着探索和创新，以提升就业率和就业质量为中心，以发展职业生涯教育和开拓就业市场为重点，不断完善现有工作制度，采取切实有效的措施，全力构建集指导、教学、管理、服务、科研“五位一体”的就业工作体系，以高度的责任感关注学生的就业选择和职业发展，帮助学生树立正确的就业观，努力提升学生的就业能力，推动学生综合素质和能力的培养，具体经验和做法如下：

1. 打造就业指导工作创新品牌

就业工作处针对非毕业生分别组织职业素质测评、职业生涯规划教育、名家大讲堂、工作坊、职业素质拓展训练营等指导活动；针对毕业生开展求职面试训练营、求职能力提升系列讲座、就业形势与政策报告会等多种形式的指导活动，全面提升学生职业规划能力和就业求职能力。

2. 人文服务，理念先锋，多种宣传校园随行

就业工作处推出以提高学生综合素质和就业能力为主线且内容丰富、形式多样的思想教育和文化活动，积极推进校园就业文化建设，涌现出职业规划大赛、就业创业协会、就业互助联盟等崭新的校园文化形态，营造了浓厚的校园就业文化氛围，引导大学生树立正确的就业观、成才观、价值观。学校与《中国民族报》等多家媒体进行合作，广泛宣传毕业生就业情况，展现毕业生就业风貌。编辑《就业指导专刊》和《学生就业实用手册》以及《中央民族大学职业辅导与就业服务指南》，受到师生家长的广泛好评。

3. 专业指导，凝练特色，组建大学生创业实践体系

学校开设了《职业生涯规划》、《创业教育》等公共选修课。《创业教育》课程经过两年多的完善被评为“KAB创业教育基地”。学校开展了“诺基亚青年创业大讲堂”、“2009RUBII璐比青年创业教育计划”、“中国企业主力大学生就业创业公益论坛”等系列创业教育活动。同时在校园内开展如计算机实践项目、经济学院教育培训项目等创业实践活动，有效帮助学生积累实践经验，在以专业学习为主的前提下锻炼其实践能力。

4. 加强引导，政策扶持，鼓励毕业生到西部和基层就业

学校努力转变毕业生的就业观念，提倡将个人的发展与国家和社会的需要相结合，做好职业生涯发展与规划，倡导面向西部和面向基层就业，鼓励毕业生到西部基层就业，积累职业经验。学校近几年制定了《关于鼓励毕业生西部基层就业奖励办法》，以实际措施鼓励毕业生积极就业。

（四）山东大学

2015年山东大学毕业生10 294人，其中本科生6 181人，就业率94.32%（其中签约率48.34%，升学率36.01%，出国率9.97%）。高质量的就业源自山东大学先进的就业理念和政策制度。山东大学坚持“一流的就业是一流大学的重要标志”，其就业指导工作由“教育管理型”向“服务研究型转变”，积极构建全过程的职业指导体系。学校“以营造生涯规划氛围为牵动，以开展就业指导教育为引领，以师资建设和平台搭建为支撑，以加强服务体系为抓手”的就业指导工作模式。学校以课程建设为基础，积极推进《大学生就业创业指导与职业生涯规划》课程改革；以支撑学生的生涯发展为导向，加强职业生涯发展的导师队伍建设和学生职业发展联盟队伍建设，组织开展“职业导航团队”系列培训和企业实习，开展“暑假求职训练营”、“起航讲堂”、“就业寻访”、“公务员直通车”等系列活动。邀请北森董事会主席王朝晖先生参加山大的职业生涯规划大赛，营造了很好的职业生涯规划教育氛围①。

山东大学在学生职业指导工作中，积极探索新生成长导师制，向低年级学生开展“职场启航”系列指导，在班级设置生涯委员。同时面向高年级学生开展分类指导，通过科研实践、学科竞赛、学生社团搭建活动平台。同时，山东大学积极构建包括就业信息系统、桌面互联网站、移动社交平台的“一体两翼”就业信息服务模式，校院两级网络平台互通互联、用人单位线上线下招聘信息联动机制互促，不断完善集政府、社会、高校于一体的就业信息服务平台，为学生就业保驾护航。

（五）兰州大学

2015年兰州大学毕业生总数6 961人，其中本科毕业生4 204人，占毕业生总数的58%；就业率90.32%（其中签约率50.19%，升学率35.92%，

---

① 山东大学2014年就业质量报告.

出国率 4.21%）。兰州大学是在全国高校中最早开设职业生涯发展与规划必修课程的高校之一。学校党委高度重视大学生就业工作，深入贯彻落实“一把手工程”，建立校、院两级就业工作格局，建立各院就业联络员月度会议制度。经过多年的积累，开展职业生涯规划教育的授课教师队伍稳定，截至 2014 年，专业化的就业教育师资力量包括全球职业生涯规划师（GCDF）22 人，职业生涯教练（BCC）28 人，中高级职业指导师 30 人，UCT 职业生涯导师 20 人，KAB 讲师 7 人，职业规划课授课教师 61 人，学生生涯导师（企业人力资源部门负责人）12 人，校级就业部门专职工作人员 8 人，学校每年划拨的就业专项经费 100 万元①。

兰州大学对在校学生开展分群体专业化的就业教育，即在低年级学生中开展职业生涯发展教育，在高年级学生中开展技能技巧、实习教育和创新创业教育，在学校层面组织优秀学生赴全国各地进行实践积累。针对有创业需求的学生和学生团队配备创业导师，举办大学生创业大讲堂，对青年学生进行创业观念和意识的宣传教育，举办校园营销大赛，鼓励学生进行创业实践锻炼。

搭建立体化的就业传播和服务体系。兰州大学积极承担社会责任，联合西部地区的其他高校，积极筹建西部高校就业网络联盟，集中生源优势，吸引更多的用人单位到西部来选拔人才，目前已有 16 家高校加入联盟。学生的就业工作实现了就业事务网上办理信息化，建立 O2O 在线选材服务平台，学生从选报志愿开始到毕业成为校友，构建全程的职业发展服务机制，极大地减轻了就业专职人员的事务性工作。

（六）西安交通大学

2015 年西安交通大学毕业生总数 7 351 人，其中本科毕业生 3 621 人，本科生就业率 97.43%（其中签约率 37.5%，升学率 48.22%，出国率 11.71%）。在开展学生就业指导和服务过程中，其工作理念是“以生涯规划辅导为抓手，紧紧围绕学校人才培养目标，加强师资队伍建设，深入推进大学生职业指导工作，构建大学生职业发展教育服务体系，为学生提供形式多

---

① 兰州大学 2014 年就业质量报告.

样的职业指导和服务工作”。2015年7月将就业指导中心更名为“学生就业创业指导服务中心”，将就业创业工作同步推进。为此学校从以下几个方面积极展开工作。

1. 在本科生中开设《大学生职业生涯发展与规划》通识类选修课

将《职业生涯发展与规划》系列讲座列为全校学术型研究生的必听讲座，通过举办生涯辅导工作坊、职业生涯规划大赛、模拟招聘大赛、就业文化服务月、企业参观等形式多样的活动，打造互为支撑、点面结合、层次分明的课程体系和实践平台。学校利用各种资源，营造良好的生涯发展氛围，已与百度、中兴通讯、宝洁、强生、西门子等多家国内外知名企业建立大学生职业发展类俱乐部，组建了近500人的志愿服务团队，积极开展“奔跑吧，交大”、“玩转办公室”、“职与你我”等系列工作坊和团体活动，利用暑期开展实习生招聘活动，为优秀学生提供高端的就业实习和体验机会，为学生提高生涯规划意识和职业能力提供了广阔的舞台。

2. 不断加强就业指导信息化建设工作

充分利用网络资源和新媒体平台为学生提供在线学习和测评服务。积极开发就业服务微信公众平台和手机客户端建设，使就业信息能及时高效地传递到每一个学生。借助自身区位优势，整合本省和周边省份的就业信息，为中西部高校毕业生提供更多的就业信息，不断提升交大的影响力。

第四章 新疆高校职业生涯规划教育基本情况

一、新疆高等教育发展现状及特点

（一）新疆高等教育发展现状

新疆地处祖国的最西部，是多民族聚居地区，经济发展水平相对落后，教育事业发展较内地省份存在很大差距。1949 年，全疆仅有学院 1 所，学生 379 人；中专 11 所，学生 1 975 人；中学 9 所，学生 2 925 人；小学 1 335 所，学生 197 850 人，小学学龄儿童入学率只有 19.8%，文盲占人口的 90%以上，教育基础极为薄弱。新中国成立后，特别是改革开放以来，在党中央、国务院的关心支持下，在自治区党委、人民政府的正确领导下，新疆教育规模不断扩大，体系日益完善，结构趋于合理，质量和效益明显提高。1980 年新疆普通高等学校的数量是 12 所，1990 年增加到 21 所。针对我国东西部地区经济社会发展差距日益扩大的现状，1999 年党中央提出“西部大开发”战略思想，并于 2000 年开始实施。在十多年的发展和建设中，通过国家支持、自身努力和开展对外合作，新疆地区城乡面貌有了很大改善，经济增长步伐明显加快，发展质量和效益明显增强，新疆的高等教育伴随着经济社会的发展进入了快速发展的阶段。1999—2007 年，新疆普通高校的数量由 17 所增加到 32 所，普通高等教育绝对规模即在校生由 54 058 人增加到 226 012 人，增长了 318.09%；普通高等教育相对规模即每万人口中拥有在校大学生数，从 30.96 人增加到 103.28 人，增长了 233.59%①。

---

① 蔡文博，罗俊. 西部大开发 10 年来新疆高等教育的成就与反思 [J]. 扬州大学学报（高教研究版），2010，14 (5).

2001—2007 年，新疆投入高等教育的国家财政性教育经费从 49 004.3 万元增加到 147 038 万元，用于高等教育的预算内教育经费由 39 147.7 万元增加到 139 256 万元。2005 年，自治区实行生均拨款新机制，区属院校生均拨款由 2003 年的 2 000 元增加到 2007 年的 3 600 元，居西部 12 省区前列①。2010 年新疆高等院校已经发展为 32 所，本专科在校生 25.12 万人，其中少数民族学生 94 708 人，占学生总数的 37.7%；招生 7.46 万人，毕业学生 6.35 万人。高等教育招生人数和在校生规模持续增加，高等教育的毛入学率为 24.99%②。

2010 年 8 月底，在全国科教援疆工作会议上，中共中央政治局委员、国务委员刘延东作了重要讲话，对今后一个时期科教援疆工作作了全面部署，对高校对口支援工作提出明确要求。由清华大学、北京大学、中国农业大学牵头，22 所知名高校组成的 3 个团队对口支援新疆大学、石河子大学和塔里木大学，这是贯彻落实中央新疆工作座谈会、全国教育工作会议和教育规划纲要，创新对口支援模式、丰富对口支援内容、提升对口支援能力、推进新疆高等教育跨越式发展的重大举措。特别是第二次中央新疆工作座谈会对新疆教育工作作出新的部署，习近平总书记提出“坚持教育优先，培养优秀人才”的要求，自治区认真贯彻中央精神，举全疆之力推进教育发展，着力破解制约教育发展的根本性、长远性、基础性问题，取得了突破性进展，新疆教育事业发展进入改革开放以来最好最快的时期。

2011 年，全区普通高等学校和成人高等学校共有 40 所，其中：普通本科院校 11 所，高职（专科）院校 21 所，成人高等学校 8 所。全区普通高等教育本专科在校生 272 818 人，比上年增长 3.0%；其中少数民族学生 102 358 人，占在校学生总数的 37.5%③。2011 年招生 79 337 人，毕业生 67 219 人。全区高等教育毛入学率达到 25.73%，比上年提高 0.74 个百分点。全区共有研究生培养单位 12 个，在学研究生 14 099 人，比上年增长 11.2%；其中

---

① 张建仁. 新疆教育事业发展现状与未来展望 [J]. 兵团教育学院学报，2009 (3)：3.

② 2010 年新疆维吾尔自治区教育事业发展统计公报.

③ 阿不力克木·艾则孜，谭刚. 新疆少数民族大学生就业指导教育的现状及对策 [J]. 新疆师范大学学报（哲学社会科学版），2013，34 (5).

博士生 840 人、硕士生 13 259 人，分别比上年增长 17.8%和 10.8%。招收研究生 4 972 人，比上年增长 8.2%；毕业研究生 3 421 人，增长 1.8%[①]。全区普通高等学校教职工 2.76 万人，比上年增长 3.2%；其中专任教师 1.73 万人，增长 4.5%。本科院校专任教师学历合格率（研究生及以上学历）56.6%，专科院校专任教师学历合格率 21.8%，分别比上年提高 3.2 和 3.8 个百分点。普通高校生师比为 14.99：1，高校每位教师负担学生数比上年减少 0.23 人。高等教育财政投入大幅增长。近年来，国家对西部地区教育投入不断增加。从 1998 年到 2008 年，我国西部地区教育经费总投入从 609 亿元增长到 3 434 亿元人民币，增加近 5 倍，增幅高于全国平均水平[②]。新疆维吾尔自治区于 2003 年率先在全国提出了“把握节奏，控制规模，加强内涵建设，努力提高教育教学质量”的总体思路，不断加大高等教育财政投入，积极引导高等学校加强内涵建设，改善办学条件，提高教学质量。中央新疆工作座谈会之前，全疆每年教育投入 200 多亿元，这 5 年平均年投入 500 多亿元，财政性教育经费支出占 GDP 的比例连续高于 4%的国家规定目标。

截至 2015 年底，新疆共有本专科普通高校 46 所，其中本科院校 13 所，高职院校 26 所，成人院校 7 所，研究生培养机构 11 个，在校本专科学生 30.46 万人，高校毛入学率达到 33.55%，生师比 15.73：1，在岗教职工 2.89 万人，其中专人教师 1.94 万人，少数民族教师 0.58 万人。本科专业覆盖了法学、经济学、教育学、文学、历史学、理学、工学、农学、医学、管理学在内的 10 个专业门类，尚未涉及哲学类。在所有相关专业门类下，专业覆盖了农林牧副渔、交通运输、生化与药品、资源开发与测绘、材料与能源、土建、水利、制造、电子信息、环保气象与安全、轻纺食品、财经、医药卫生、旅游、公共事业、文化教育、艺术设计传媒、公安、法律等 19 个大类。

---

① 新疆维吾尔自治区教育厅发展规划处. 2011 年新疆维吾尔自治区教育事业发展统计公报 [R]. 2012 年 11 月.

② 马海燕. 10 年西部教育投入增近 5 倍，增幅高于全国平均 [EB/OL]. 2009 - 11 - 10. http://news.xinhua.net.com/edu.

表 4-1　新疆本专科院校明细（截至 2015 年底）

序号	学校名称	主管部门	所在地	层次	类型
1	新疆大学 211	自治区	乌鲁木齐	本科	综合
2	石河子大学 211	建设兵团	石河子	本科	综合
3	新疆农业大学	自治区	乌鲁木齐	本科	农林
4	塔里木大学	建设兵团	阿拉尔市	本科	综合
5	新疆医科大学	自治区	乌鲁木齐	本科	医科
6	新疆师范大学	自治区	乌鲁木齐	本科	师范
7	喀什大学	自治区	喀什市	本科	师范
8	伊犁师范学院	自治区	伊宁市	本科	师范
9	新疆财经大学	自治区	乌鲁木齐	本科	师范
10	新疆艺术学院	自治区	乌鲁木齐	本科	艺术
11	昌吉学院	自治区	昌吉市	本科	师范
12	新疆警察学院	自治区	乌鲁木齐	本科	
13	新疆工程学院	自治区	乌鲁木齐	本科	理工

表 4-2　新疆高等学校基本情况（2015 年）

年份	高校数量（所）	本科院校数量（所）	专科院校数量（所）	成人院校数量（所）	研究生培养机构（所）	在学研究生人数（人）	在学博士生人数（人）	在学硕士生人数（人）	在学本科生人数（万人）	毛入学率（%）
2011	40	11	21	8	12	14 099	840	13 259	25.87	25.73
2012	42	13	21	8	12	15 456	844	14 612	26.87	27.29
2013	43	13	23	7	13	16 867	1 129	15 738	27.84	29.16
2014	46	13	26	7	11	17 246	952	16 249	29.04	31.07
2015	45	13	26	7	11	18 031	1 050	16 981	30.46	33.55

注：表中数据来源于自治区统计年鉴和教育厅相关部门。

通过图表，我们可以清楚地看到，新疆高等教育通过十多年的发展，毛入学率由 22%提高到 33.55%，高考录取率由 64%提高到 79%，疆内新增在校生近 5 万人，高等教育的布局进一步优化，教育系统实现院士零的突破。从办学规模、教学理念、学科分布、在校生人数、毛入学率等方面已经进入到大众化的教育阶段。根据美国学者马丁·特罗的研究，如果以高等教育毛入学率为指标，则可以将高等教育发展历程分为“精英、大众和普及”三个阶段。他认为当高等教育毛入学率达到15%时，高等教育就进入了大众化阶段。高等教育大众化是一个量与质统一的概念，量的增长指的是适龄青年高等学校入学率要达到15%～50%。质的变化包括教育理念的改变、教育功能的扩大、培养目标和教育模式的多样化、课程设置、教学方式与方法、入学条件、管理方式以及高等教育与社会的关系等一系列变化。

（二）新疆高等教育的特点

1. 高等教育发展不平衡，结构不尽合理

在新疆的39所普通高等院校中，北疆七地州市、直辖行政单位共有32所（分别为乌鲁木齐22所、昌吉3所、石河子2所、伊犁3所、五家渠1所、克拉玛依1所）；南疆五地州、直辖行政单位共有6所（分别为喀什1所、阿拉尔1所、和田2所、阿克苏1所、巴州1所），东疆哈密1所。

表4-3 新疆39所普通高等院校地区分布

北疆	乌鲁木齐		昌吉		五家渠	石河子		伊犁		克拉玛依
（32所）	本科	专科	本科	专科	专科	本科	专科	本科	专科	专科
	8	14	1	2	1	1	1	1	2	1

南疆	喀什	和田	阿拉尔	阿克苏	巴州	东疆	哈密
（6所）	本科	专科	本科	专科	专科	（1所）	专科
	1	1	1	2	1		1

39所高校中，本科院校13所，占高校总数的33.33%；高职高专学校26所，占高校总数的66.67%。其中，国家级示范高职院校4所，自治区级示范性高职院校5所。211高校2所，即石河子大学、新疆大学，占高校总数的6.25%。民办高等院校3所，占高校总数的5.12%。

从高校的地域分布来看，北疆地区高校共32所，占新疆高校的82.05%，仅乌鲁木齐高校数量占新疆高校总数的68.75%，而南疆地区高

校共 6 所，占新疆高校的 15.38%。高校的地理分布极不平衡。从办学层次来看，本科高校北疆地区有 11 所，南疆地区仅 2 所，也有很大的差距。北疆院校数是南疆的 4.3 倍。新疆的普通高等院校主要集中在北疆，优质高等教育资源分布不均衡，不仅制约了南疆高等教育办学水平的提升和发展，客观上造成了高等教育发展与经济社会发展之间的不平衡，在很大程度上也影响到新疆不同地区大学生职业发展和就业创业的选择。

新疆目前有两所 211 工程大学，分别是石河子大学和新疆大学，都分布在北疆。北疆的 32 所高校共有 6 项国家级重点学科，54 项自治区级重点学科，南疆则为零。2009 年，新疆高等教育的毛入学率不但低于全国平均水平，而且 2015—2020 年的发展目标更是远低于浙江、辽宁和江西等东中部及东北省份。因此，增强教育服务于经济社会跨越式发展和长治久安的能力，必须深化人才培养模式和教育与科研体制改革，不断提高人才培养质量，使高等教育结构更加合理、体系更加完善、特色更加鲜明，人才培养、学科研究和社会服务的整体水平能够显著提升。

2. 高等教育的生源供给面临挑战

新疆的高等教育肩负着振兴区域经济发展和推动社会进步的重要职责。高等教育的健康持续发展得力于基础教育、高中阶段教育的健康发展。据相关数据统计，2012 年新疆的小学教育汉族在校学生人数为 599 834 人，少数民族学生在校人数为 1 301 010 人，是汉族学生的 2 倍还多，所占比重高达 68.44%。但在普通高中阶段的教育中，少数民族学生仅有 185 331 人，有近 407 414 的学生没有进入高中阶段学习①。这一现象说明，边疆的少数民族学生，尤其是南疆贫困地区的少数民族学生因经济困难，有三分之二的学生失去了高中阶段教育的机会。同时也说明，边疆的基础教育薄弱，学生的汉语水平和综合能力较为欠缺，很难达到高中教育的入学条件。这就造成了大量未成年的少数民族学生过早地进入社会，在很大程度上造成了高等教育生源匮乏的危机。

3. 高校人才培养能力和水平还不能充分满足经济社会发展需要

当前，新疆高等教育在发展中仍面临着严峻的挑战。由于新疆区域经济

---

① 蔡文博，李玉芹. 新疆高等教育发展的症结及改革路径［J］. 教育评论，2015（3）：140－143.

发展水平具有明显的层次性，区域高等教育资源的数量、质量和结构均呈现出较大的差异性。在全疆范围内，北疆地区的高校数量多、规模大、办学质量和水平较高，集中了相对较多的优质资源，自治区首府乌鲁木齐的土地面积和人口数量分别占新疆总面积和人口的0.91%和11.04%，但却集中了全区56%的高校及85%的高等教育经费；南疆地区主要由5个欠发达地区组成，分别是巴音郭楞蒙古自治州、阿克苏地区、喀什地区、和田地区和克孜勒苏柯尔克孜自治州，其地域面积非常广阔，主要产业是农业，农业人口占新疆整个农业人口的61%以上。但高校仅有8所，其办学层次、办学规模、办学条件和质量相对较低，优质资源相对较少。在南疆地区8所高校中，塔里木大学是一所农业院校，从表面上看，与当地经济发展和现实情况比较适应，但离农牧业现代化、农业产业化的需求还有很大差距。巴州职业技术学院和阿克苏职业技术学院分别以管理学和医学专业为主，这与南疆丰富的矿产、能源、化工行业的发展严重不符，缺乏大量的新型工业化人才。而且这两所职业技术学院的教育层次相对偏低，无法满足南疆地区发展急需的高技术人才。此外，南疆最贫困的三地州地区，竟没有一所职业技术院校，这对地区发展和人员就业来讲都是非常不利的。

有数据显示，2011年新疆高等教育规模与经济规模的比值是9.704，全国同期水平是12.89，差额为3.186。2012年，新疆高等教育规模与经济规模的比值是8.58，全国同期水平是12.02，差额为3.44。从中可以看出，新疆高等教育的发展规模与全国平均水平的差异在逐年加大，高等教育的发展速度没有很好地适应区域经济发展的需要。同时对高校大学生的自身发展和职业成长也带来了一些负面影响。很多集中在乌鲁木齐高校的毕业生，不愿意到南疆一些相对艰苦的地方去工作，都想去内地发达地区发展，或参加政府部门组织的公务员考试，以能留在城市。南疆一些偏远地区高校的学生毕业后，由于区域经济发展上的差异，也有比重较大的学生想到首府或内地发展，长此以往造成了新疆高等教育和经济发展上的资源集中发展不平衡。

4. 高校的学科布局和专业设置与社会经济发展不相适应

由于客观现实的影响，新疆的经济社会发展水平较内地还存在很大的差距，人们的思想认识水平也相对保守。经济发展和社会稳定如何相互支撑，如何协同配合，在不同的阶段都会作为一项重要的政治课题渗透到社会工作的方方面面。新疆的高等教育也会受到当地客观环境变化的影响，虽然在国家大力支持下，新疆的高等教育取得了快速发展，但很多的高校还没有凝练出自己的发展方向和办学特色，学科设置和专业发展与新疆经济社会发展需要还不能很好的衔接，专业重复设置，学科布局不合理，人才供给和社会需求还存在结构性的矛盾，高素质人才流失、大学生就业压力巨大，以上问题都亟须解决。

围绕新疆“新型工业化、农牧业现代化、新型城镇化”的建设目标，需不断加快发展能源动力、地矿、材料化工、机械及农业工程等应用型、技术型紧缺人才，抢占和引领人才战略高地，以满足跨越发展和长治久安战略实施对各类优秀人才的需要。但目前新疆高校的学科专业设置中，农学、医学、师范、管理、经济、法学、历史等专业总体比例较高，涉及石油化工、矿产、煤炭、新能源、新材料、装备制造、信息产业、环境科学、建筑规划、生物技术等方面的理工科专业总体数量较少，这对新疆经济社会发展后续支持是远远不够的。目前，国家又提出“一路一带”的发展战略，同时把新疆作为“一带”的核心区，发挥其区位优势和向西开放的重要窗口，深化与中亚、南亚和西亚等国家的交流合作，形成“丝绸之路经济带”上的重要交通枢纽、商贸物流中心和文化科教中心，其发展潜力巨大，机遇难得，必须加快学科专业的调整，以适应和推动国家“丝绸之路经济带”的战略发展。

为此，新疆应坚持通过改革创新不断调整和完善高等教育的层次，转变高等教育发展方式，科学合理地设置学科布局，进一步健全从专科到本科、研究生和博士生教育，从高级技术工人到专业技术人才、基础理论研究人才的培养及成人继续再教育；从社区学院到成人职校、高职院校、综合大学，从增加高校数量到创办高水平大学，不断提升新疆高等教育质量和数量，以满足新疆跨越式发展和长治久安对高中低端人才的需要①。在高等职业教育方面，要大胆地走错位竞争的路子，强化高校与企业的深度合作，积极培育实训基地，完善中等职业技术教育和高等职业技术教育的

① 艾合买提·艾买提. 新疆高等教育跨越式发展的若干思考［J］. 新疆社会科学，2012（2）.

衔接。

5. 高校的师资水平相对较低、教学质量还需提升

区域高等教育发展良莠不齐是当前中国高等教育所面临的主要问题，教育力量的东西部差距一直客观存在，而且差距还在不断扩大。2014 年新疆普通高校生师比 17.72∶1，比全国平均高 0.04，比 7 个少数民族省区高 0.7。专任教师中取得正高职称的占 5.94%，比全国平均水平低 6.23 个百分点，比 7 个少数民族省区低 5.92 个百分点，处于最低水平①。2014 年新疆普通高校专任教师的学历结构中，拥有博士学历的教师占专任教师的 9.65%，比全国平均水平低 10.04 个百分点，比 7 个少数民族省区低 0.63 个百分点。从这些指标数据上来看，新疆普通高校的师资水平较 7 个民族省区和全国都有很大差距。

同时，由于地域偏远、自然环境较差，经济发展相对落后，高校所受的管理体制还存在很多问题，当前教师的工资待遇和职业发展平台与内地高校相比还有很大差距，人才流失非常严峻，是我国 5 个少数民族自治区中最为严重的②。在职称评定工作中，新疆高校职称评定的标准是按事业单位专业技术高级、中级、初级岗位结构比例 1∶3∶6 的基础上，适度向高校倾斜来制定的，在具体评审过程中，论资排辈的现象依然是存在的，吸引人才的政策和力度也是远远不够的，客观上造成了人才流失。自身人才培养不足，吸引人才力度不大，师资的短缺和自身能力的差距，对教育教学质量和人才培养质量都产生了一定影响。

6. 高校学生的就业压力逐渐增大，少数民族学生的就业压力更为突出

近些年来，新疆高校毕业生的总量在不断增加，2011 年新疆高校毕业生人数为 6.67 万人，2012 年毕业生总数为 6.83 万人，2013 年毕业生总数为 7.37 万人，2014 年高校毕业生总数为 7.22 万人，2015 年毕业生总数为 7.57 万人，毕业生总数逐年增加。每年都有一定数量的大学生不能充分就业，再加上需要就业的应届大学生，其就业的压力非常巨大。究其原因主要有以下几个方面。

---

① 李勇，李艳．新疆普通高等教育发展状况的比较研究［J］．民族教育研究，2016（2）．

② 秦放鸣，武斯斯．新疆人才吸引力和流失率的实证研究［J］．新疆师范大学学报（哲学社会科学版），2013（5）．

首先，新疆少数民族学生基础教育薄弱，汉语水平普遍不高，教学质量长期难以提高。通过差异化的录取政策进入高校后学习非常吃力，各高校实施的预科制度也不能从根本改变这一现状，这就导致了少数民族大学生与其他学生在整体生源质量存在差异，基础教育阶段的差距在高等教育阶段没有很好的改善，最终在市场化的人才竞争中被放大，造成少数民族学生在就业环节遇到很大压力。

其次，少数民族大学生文化、价值观和语言特性成为宽范围就业的另一个障碍。随着新疆经济的不断发展以及与内地经贸的往来，汉语水平成为少数民族大学生顺利就业的重要指标之一。民族语言特性影响少数民族大学生与用人单位的沟通、协作、交往。文化和价值观的差异，给用人单位和少数民族大学生之间造成了很大的信任鸿沟，使得少数民族大学生的就业空间变得更加狭窄，更无选择性，导致少数民族毕业生主动性不够，自信心不强，走出去的意识较淡。

第三，用人单位对少数民族大学生存在或多或少的偏见，这种偏见表现为一定程度的就业歧视。在我国，无论从宪法还是党的民族政策来看，已经消除了任何形式的民族歧视。就业市场上的各种歧视，实际上在我国法律和政策层面上是没有任何根据的。尽管绝大多数基层用人单位能够从党的民族政策出发，积极吸纳少数民族大学毕业生和女性大学毕业生就业，但也有一些基层单位为维护本单位、本部门利益不愿吸纳少数民族大学毕业生和女性大学毕业生就业，造成少数民族大学毕业生和女性大学毕业生就业难依然存在①。

7. 在大学生就业工作中各级政府发挥了主导作用

新疆高校大学生就业有其明显的特征，主要是少数民族大学生就业问题。在我国社会主义市场经济体制下，政府在社会各方面都发挥着不可替代的作用，解决大学生就业问题是政府公共服务职能的重要内容之一，尤其是在新疆，就业工作关系民生、关系社会稳定和各民族团结，此项工作已上升为一项政治任务，必须妥善得到解决。2006 年《关于组织开展自

① 阿不都热扎克·铁木尔. 2009—2010 年新疆经济社会形势分析与预测［M］. 乌鲁木齐：新疆人民出版社.

治区高校毕业生到农村基层从事支教、支农、支医和扶贫工作实施办法》规定，用 5 年时间通过公开招募、自愿报名、组织选拔、集中派遣的方式招募 2 000 名高校毕业生，主要安排到自治区乡镇从事支教、支农、支医和扶贫工作，服务期限为 2 年。从 2007 年起，新疆全面推动了大学生面向基层就业，决定用 3 年时间，实现村村有“大学生村干部”和每个社区有“大学生社区干部”的目标，计划实现万余名大学生在社区和农村就业。2008 年新疆政府也借鉴内地省市的做法，实行“大学生村官”计划，决定用两年的时间选聘 6 000 名“大学生村官”去充实基层。新疆计划今后确保一村一名“大学生村官”来增强乡镇基层教育的活力。招聘岗位涉及 13 个地（州、市）的 81 个县（市），覆盖自治区 80%以上的县（市）学校。2009 年新疆维吾尔自治区共招聘 6 768 名农村“特岗教师”奔赴全区各地。2010 年，政府组织 2.3 万名未就业普通高校毕业生赴对口援疆省市培养。近两年，随着新一轮对口援疆工作的不断深入，政府有计划地安排一些少数民族毕业生到对口支援的省市参加技能提升，逐步解决少数民族大学生的就业困难，所有这些政策，都充分体现了政府在解决大学生就业方面做出的巨大努力。

二、新疆本专科高校职业生涯规划教育基本情况

（一）新疆高校职业生涯规划教育概述

第一阶段（2003—2007 年）是新疆高校职业生涯规划教育的探索期。根据国家对高等教育改革和大学生就业工作所制定的各项政策，从 2003 年开始，新疆对所有大学生开始实施自主择业的政策。为了更好地帮助大学生就业，新疆维吾尔自治区和新疆生产建设兵团结合自身的实际情况，陆续出台了符合地方特色的大学生就业工作的指导性文件。根据 2003—2007 年下发的文件，主要内容涉及就业工作意见：免费师范生管理、就业；创业教育；就业指导课；双语教学特配；三支一扶；学费及国家助学贷款代偿；西部计划；高校毕业生到村、团场任职；未就业学生赴对口援疆省市培养计划；中央驻疆企业吸纳新疆当地劳动者就业等 10 个方面，如图 4 - 1 所示。

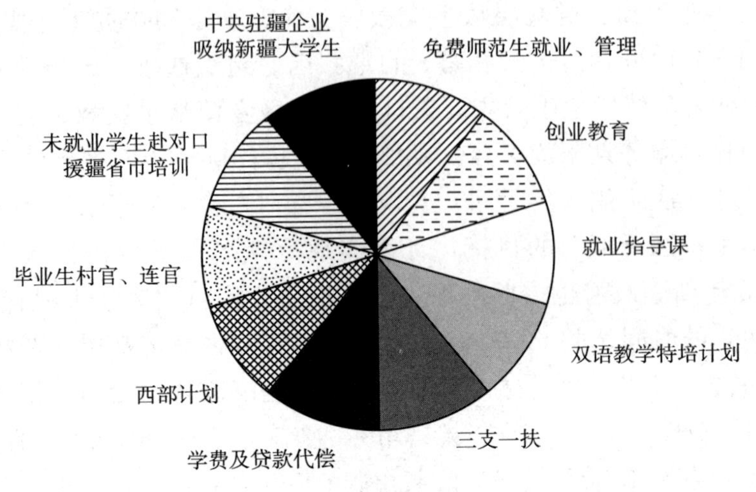

图 4-1　大学生就业工作涉及内容

通过这些文件我们可以较为清楚地了解到，从 2003—2007 年，新疆高校大学生职业生涯规划教育工作的重点主要集中在拓展就业渠道、增加就业机会、利用国家的优惠政策提供就业岗位等方面，是在毕业生状况既定的前提下解决就业问题。各高校所开展的工作主要是针对毕业生开展就业指导工作，如就业形势分析、就业政策解读、毕业生就业技巧的提升、毕业签约的程序说明等，是在学生素质能力既定下的指导和服务工作，工作重心是针对毕业生的就业指导工作。

第二阶段（2007—2010 年）是新疆高校职业生涯规划教育的发展期。2007 年 12 月 28 日，教育部下发教高厅〔2007〕7 号《关于大学生职业发展与就业指导课程要求的通知》，明确要求各高校切实将就业指导课程建设纳入人才培养工作，作为就业"一把手"工程，课程要明确列入教学计划，2008 年起提倡所有普通高校开设《职业发展与就业指导》课程，并作为公共课纳入教学计划，贯穿从学生入校到毕业的整个培养过程。现阶段作为高校的必修课或选修课课程，经过 3～5 年的完善后全部过渡到必修课。这个阶段各类高校结合自身实际陆续开展了职业生涯规划教育工作。

高职高专院校自 2008 年开始坚持开展职业生涯规划设计征文大赛来推动此项工作，活动旨在启发学生的职业生涯意识，帮助学生了解自我、了解专业、认识社会，在思想和行动上能尽早结合自身的需要开始准备。其中新疆农业职业技术学院在此项教育工作中处在领先的地位。该校在2009年初步形成了就业指导课程体系，将《职业生涯规划和就业指导》作为公共课纳入教学计划，实现了从大一开始，贯穿入学到毕业的全过程，并为学生提供职业发展个别咨询。学校还通过开展就业指导专题讲座，组建“就业指导专家团”，开展“就业指导月”等系列活动，聘请企业界人士、人事管理部门的同志、校友作专题报告，加强日常思想教育活动，组织高职大学生进行社会调查和参观访问，重视创业教育等方式，为引导大学生充分认识自己，合理设计自己，有针对性地提高自己，实现人职匹配的和谐性就业起到了良好的推动作用。

新疆的本科院校中，如新疆大学、新疆农业大学和石河子大学也都结合自身实际开展了相关工作。新疆大学自2009年开始对大一至大三年级的学生开展职业生涯规划设计教育，使学生明确就业目标，有意识地补充就业所需知识和技能。对大四学生进行就业指导，邀请校外有关领导、专家、学者、企业负责人作就业形势报告，还邀请就业指导老师为少数民族学生作专场就业辅导，用丰富的社会经验引导毕业生合理择业，勇于创业。

新疆农业大学采取多项措施，一是在校内公开选聘了10名老师作为学校第一批就业指导课教师，并成立了“新疆农业大学就业指导教研室”。二是认真落实教育部要求，将就业指导课作为公共选修课纳入学校教学计划，针对不同年级、不同专业和不同民族的学生进行全程化的就业指导和择业教育。三是启动“百名企业家进校园促就业工程”，每周邀请一名疆内外企事业单位的高管进校园为大学生做就业、创业专题讲座，引导学生认清就业形势，转变就业观念，取得了良好成效，受到广大学生的普遍欢迎。

石河子大学也在2009年面向全校学生开设了《大学生职业生涯发展与规划》课程的选修课，共24个学时，内容涉及自我探索、工作世界探索、生涯决策、生涯行动、评估调整五个部分。学生选课的积极性非常高，取得了很好的教学效果。同时，学校针对高年级学生开设就业指导讲座，邀请知名校友返校做报告，组织兵团各地的人事局长开展校园行活动，介绍就业政策，提供就业岗位，宣传就业典型，引导学生积极就业。

在此期间，由于自治区和兵团教育主管部门没有结合教育部教高厅

〔2007〕7号《关于大学生职业发展与就业指导课程要求的通知》精神统一下发文件，新疆的各类高校在开展此项工作时，由于对工作的认识和理解存在较大的差异，同时受教材、师资、经费等方面的影响，此项工作在各高校间发展不够平衡。而且，因为“7·5”事件的爆发，各高校对学生的思想政治教育、反对宗教极端、维护民族团结的工作得以加强，客观上影响了职业生涯规划教育的持续推进。

第三阶段（2010年至今）是新疆高校职业生涯规划教育快速发展期。2010年底下发的新党发〔2010〕18号文件，标志着新疆高校职业生涯教育的全面开启，同时进入到快速发展的阶段。文件要求各高校加强就业指导课程建设。从2011年起，自治区各大中专院校要将就业和创业指导课作为必修课纳入教学计划，并不断提高课程建设及教学水平，帮助毕业生了解就业政策，规划职业生涯，提高求职技巧，加强观念教育，提高就业能力。加强就业指导队伍建设，开展职业指导师培训和认证，把就业指导列入大中专院校教师职称评审范围，设置专业学科，解决就业指导专职教师职称评定问题。

2011年，自治区教育厅、人力资源和社会保障厅按照新党发〔2010〕18号文件要求，组织各高校的就业指导老师共同编写、出版了《新疆大学生职业发展与就业指导（必修）》作为全区高校首部就业指导课教材，并将就业指导课纳入高校必修课。随后，在2011年4月13日，新教学〔2011〕3号《关于开设就业指导必修课的通知》正式印发。文件要求各高校从2011年秋季学期（9月1日）起，开设就业指导课，作为普通高校学生的必修课纳入教学计划当中，学时数不少于教育部规定的38个学时。文件要求各高校要及早调整和安排教学计划，认真学习教育部《大学生职业发展与就业指导课程教学要求》，科学制定本校就业指导课程教学大纲和教学计划，明确教学要求，合理安排师资，加强教学内容和教学方法培训，确保就业指导课按时、高质量开设，以提升我区高校就业教育水平，提高大学生职业发展和就业能力，促进高校毕业生充分就业。新疆高校的职业生涯规划教育，按照统一的要求和标准进入到具体实施阶段。

新教学办〔2011〕9号《关于进一步推进高校就业工作的通知》再次强调，各高校要把按照“全程化”的要求，将学生职业发展与就业指导课作为公共必修课程纳入学校教学计划，分年级设立相应学分，贯穿每个大学生在校学习的全过程：新生一入学就要开展职业生涯规划设计教育和素质测评，帮助学生结合所学专业制定成长和发展目标；二、三年级进行就业观念引导、诚信教育、礼仪教育和心理素质辅导；四年级重点进行就业形势、政策宣传教育，开展求职技巧和方法的培训。课程安排学时不少于38学时，并由专职教师授课。按规定从当年毕业生缴纳的学费中提取不低于1%的资金作为毕业生就业指导服务经费和奖励经费，为开展毕业生就业工作提供必要的场所与设备。高校要设立和加强专门就业指导和服务工作机构，按照专职就业指导教师和专职工作人员与应届毕业生的比例不低于1∶500的要求，配齐配强专职就业指导教师和专职工作人员。院（系）的每个年级要按比例配备一定数量的专职就业工作人员，建立一支专兼结合、爱岗敬业的教师队伍。至此，新疆教育主管部门对职业生涯规划教育从课程建设、教材制定、队伍发展、经费保证等几个方面都做了具体要求，各高校有了政策文件的支持，职业生涯规划教育的发展进入到了“快车道”，但与全国高校职业生涯教育的快速发展相比，新疆还整整落后了四年多时间。

随后，在2013年6月，自治区开展首届高校就业指导优秀教师评选大赛，以加强全区高校就业指导队伍建设，培养打造一支高素质、职业化、专家化的就业指导师资队伍，提高大学生职业发展与就业指导课程质量，提升高校就业指导水平，推动实现更高质量的就业。

自治区教育厅根据教育部《关于启动高等学校教学质量与教学改革工程精品课程建设工作的通知》（教高〔2003〕1号文件）精神，从2014年起启动《新疆大学生职业发展与就业指导》精品课程建设。其建设目标和原则是：“把《新疆大学生职业发展与就业指导》课程建设成为具有一流教师队伍、一流教学内容、一流教学方法、一流教学效果，成为深受大学生喜爱的精品课程。”课程建设的宗旨是：旨在教育引导大学生树立正确的就业观，激发大学生职业生涯发展的自主意识，促使大学生在学习过程中自觉地提高就业、创业能力和生涯管理能力，理性地规划自身未来的发展。建设工作要求各高校要将《新疆大学生职业发展与就业指导》纳入校级精品课程建设体系之中，要提出明确的建设目标，制定切实可行的建设方案，既要注重课程的理论性、思想性，又要注重课程的艺术性、实用性，不断提升教学的吸引力和实效性。课程针对不同年级、不同专业、不同计划性质（民、汉语言）学生，开展模块化、专题化、专项化的课程设计，力争在《新疆大学生职业发展与就业指导》的不同章节、模块、专题或专项的教学实践中形成自身优势特点。课程建设过程中，要坚持公开、透明的原则，以推进精品课程的建设为契机，激发和调动授课教师的积极性，力争使《新疆大学生职业发展与就业指导》的每堂课都成为精品课，课程要采取总体规划，分步实施，分层推进的办法，建立高校、自治区两级精品课程体系。力争使全区三分之一的高校都建有《新疆大学生职业发展与就业指导》自治区级精品课程。

（二）新疆部分高校职业生涯规划教育经验介绍

2014 年自治区启动《新疆大学生职业发展与就业指导》精品课程建设，2016 年自治区教育厅进行了检查验收，有四所高校通过了精品课程验收，分别是新疆农业职业技术学院、巴州职业技术学院、石河子大学和新疆师范大学。这四所高校应该说代表了新疆高校职业生涯规划教育的最新情况，因此在进行经验分享中选取了这四所高校。

1. 新疆农业职业技术学院

新疆农业职业技术学院是一所高等职业教育的公办全日制普通高等学校，创办于 1958 年。学院是全国首批 28 所国家示范性高职院校，是新疆首批“高等职业教育与本科教育联合培养应用本科人才”试点高职院校。学院先后荣获全国职业教育先进单位、全国创先争优先进基层党组织、黄炎培职业教育“优秀学校”、全国“百所德育科研名校”、全国高校毕业生就业典型经验高校、全国实践育人创新创业基地、全国民主管理先进单位。在 2016 年自治区高校《新疆大学生职业发展与就业指导》精品课程评选工作中获得通过。

学院职业发展和就业指导课程经历了从萌芽、探索到推广的发展历程，在全疆做到“四个率先”，建设教学资源库，对职业生涯课程进行系统的探索、研究和实践。一是萌芽期（2003—2006 年）：2003 年学院率先成立独立的就业指导中心，配备了专职工作人员，开设就业指导讲座，编制教案，制作PPT。2006年，就业指导办艾健主任、李瑞星老师一行五人到北京参加二级职业指导师培训，并全部持证。二是探索期（2007—2010年）：2007年率先开展职业生涯规划必修课程，引进北森职业生涯测评。初步形成了以课程为基础，以职业测评和职业咨询为辅助，以大赛为抓手的多方位、多层次、多元化职业生涯发展体系。将38学时《职业生涯规划和就业指导》课程作为公共必修课纳入教学计划，实现了小班上课。开展师资培训65人次。三是推广期（2011年至今）：2011年，率先成立了职业发展与就业创业指导教研室，落实就业专职教师纳入专业技术岗位系列的政策。制定了教研室工作职责和管理办法，开展教研活动，以"集体备课、小组教研、专题研讨、互听互评、师生成长工作坊"的教学组织形式，开展校内教案大赛、课程大赛、微课大赛，确保课程质量和人员素质的整体快速提升。开展师资培训近95人次。2012年建立职业发展咨询室、团体咨询室，2016年建成大学生创新创业孵化基地。四是率先开展就业创业研究，实现内涵和外延的新突破。2016年建成校级精品课。3篇论文获全国"大学生就业创业优秀论文征文评比活动"二等奖，两次参编新疆高校统一就业指导教材。2016年，团队有9项就业创业相关课题在学院立项。

在学生的职业生涯规划教育中采用"体验探索·多维合力"的教学模式。整体上以任务为载体，以行动导向组织教学，在体验中探索自我、探索职业，实现对生涯的认知、行动、感悟提升，形成了以《大学生职业生涯规划和就业指导》为基础，以职业测评和职业咨询为辅助、以尔雅网络课程为补充、以大赛和活动为抓手的课程体系。在时间上采用"三级实践教学"，与专业紧密结合，构建立体化教学资源；把多种实践教学在课前、课上、课外交互使用，实现师生共建共享教学资源，并进行全程的实时教学指导和过程监督，解答学生疑问，学生对职业有全新的体验；在空间上以"一起成长，自助助人"的理念为依托，形成由"自己—伙伴—导师"共同搭建的平台，构筑了引领计划。满足了不同专业、不同类型（民、汉语言）、不同特点大学生的需求。

新疆农业职业技术学院针对有创业意愿的学生，立足创业教育、创业活动、创业实践"三个关键点"，以课程教学、事迹报告团为载体，普及创业知识；以SYB创业技能培训为依托，积极引导学生开展创业实践活动，丰富学生的创业知识和创业体验；以参加创业大赛为契机，搭建创业孵化基地，助推创新精英成长，构建了“三段式·千百十”创业教育模式。

2. 巴州职业技术学院

2002年2月8日，自治区教育厅党组研究通过并报自治区人民政府请求批准设立巴音郭楞职业技术学院。2002年2月19日，自治区人民政府批准成立巴音郭楞职业技术学院（以下简称巴音学院）。“华夏第一州”终于有了自己的大学。学院紧密围绕巴州石油石化、矿产、农副产品加工、棉花系列加工等五大支柱产业，设置了电子信息工程学院、机械电气工程学院、石油化工学院、人文经济学院、传媒学院、矿业工程学院、继续教育学院、体育学院、生物工程系、纺织工程系、交通工程系、旅游系、基础课教学部共8院4系1部，开设了石油天然气开采、通讯技术、数控技术应用、热能与动力工程、选矿技术、汽车电子技术、冶金技术、电气自动化、畜牧兽医、园艺技术、食品加工技术等53个中职专业和30个高职专业。学院现有汉、蒙古、维吾尔、回等7个民族的专任教师225人，其中本科学历者201人，高级专业技术职务者114人，“双师型”教师43人。各类在校生近1万人。

培养有实践能力、应变能力、创新能力的中、高级实用型技术人才是巴音学院的人才培养目标；突出教学的职业性、岗位性、针对性、实践性、灵活性，实现人才与市场的零距离是巴音学院永无止境的追求；“一切为了学生，为了一切学生，为了学生的一切”是巴音职业技术学院对教育的全新诠释。

巴州职业技术学院的《大学生职业生涯规划和就业指导》课程自2011年起在高职一年级第一学期由思想政治理论课教学部职业指导教研室承担36学时的必修课，并由就业处负责后续每学期8学时的职业指导讲座、就业政策宣讲、优秀毕业生宣讲等，以确保职业发展与就业指导教育覆盖学生在校全过程。为了进一步提升《新疆大学生职业发展与就业指导》课程在学生未来就业和职业发展中的作用，学院于2014年8月单独成立了职业指导工作部，负责全院高职学生的就业创业教学和职业咨询工作。自此，职业指导教学从思想政治理论课教学部下设的教研室升格为单独的教学部门，并下设职业指导教研室和创新创业教研室，专职教师由原来的4名发展为现在的10名。课程教学由原来开设一学期36学时的《新疆大学生职业发展与就业指导》必修课与就业创业讲座相结合增加到现在分布在4个学期70学时，涵盖职业规划、自我管理、就业指导和创业教育四大模块为主体，理论教学、课堂实践教学和课外实践教学相结合的教学模式。与此同时，单独建立了职业咨询室、教学资料室，并成立职业生涯发展协会和创业社。

通过5年的不断学习与探索，形成了一支师德高尚、专业过硬、结构合理的极具发展潜力的教学团队；在原有教材基础上整合出贴近专业、贴近学生实际、贴近社会需求的教学内容；探索出一系列以学生为主体、教师为主导的教学方法，确立了“教、学、思、做、悟”的教学理念和“项目导向、任务驱动”的教学模式；开发出内容丰富、形式多样、符合网络时代学生学习方式的教学资源；形成了一套规范、科学的教学管理制度和运行机制。

该课程的特色及创新点：①教学理念：体现了“教、学、思、做、悟”的教学理念。②教学模式：结合高职院校学生特点，采取“项目导向、任务驱动”的教学模式，充分发挥学生主观能动性。③教学内容：在原有教材的基础上，整合原有教材的章节排序，构建了“职业规划”“自我管理”“就业指导”“创业教育”四大模块和27个项目，内容更贴近专业、贴近学生实际、贴近社会需求。④教材建设：在教学研究的基础上，公开出版了教辅教材《大学生职业发展与就业指导训练教程》《大学生创新创业指导教程》和学生训练手册《我的生涯训练手册》，编写了校内教辅《〈新疆大学生职业生涯发展与就业指导〉案例集》和《职业发展——专业认知指南》。⑤实践教学：挖掘和拓展了一系列校内实践教学和校外实践教学资源，进一步丰富了课程内涵，提高了教学效果，提高了学生素质和能力。

3. 石河子大学

石河子大学是国家“211工程”重点建设高校和国家西部重点建设高校，现由教育部和新疆生产建设兵团共建，是“中西部高校综合实力提升工程”（一省一校）入选高校。学校前身诞生于1949年9月中国人民解放军解放新疆的进军途中，1996年4月由农业部部属石河子农学院、石河子医学院、兵团师范专科学校和兵团经济专科学校合并组建。学校始终坚持“立足兵团、服务新疆、面向全国、辐射中亚”的办学定位，坚持“以服务为宗旨，在贡献中发展”的办学理念，坚持“以兵团精神育人，为屯垦戍边服务”的办学特色，成为屯垦戍边、建设边疆的重要力量。近年来，石河子大学60%的内地生源自愿留在新疆工作，形成了独具特色的高校“引人、育人、留人”的人才培养机制。学校的毕业生就业率连续多年保持在90%以上，曾先后获得“全国普通高等学校就业典型50强高校”、“自治区普通高校毕业生就业工作先进单位”。《职业生涯规划与就业指导》获得首批“全国高校职业发展与就业指导示范课程”。

石河子大学也是最早开展就业指导和服务工作的高校之一。早在2002年，学校就针对毕业生就业工作举办专题讲座，为毕业生求职就业做前期准备。讲座的主要对象是大四毕业生，主要讲授国家的就业形势和政策，介绍求职面试技巧，毕业签约相关程序等内容。2009年，学校开设了《大学生职业生涯规划与就业指导》选修课。经过多年的积累和发展，目前，《大学生职业生涯规划与就业指导》课程已作为全校的公共必修课纳入到各专业的课程设置当中。担任职业生涯规划与就业指导教师共计54人，主要来自大学招生就业处和各二级学院具有多年学生就业指导工作经验的专职学生工作者担任。

根据国家、自治区和兵团相关文件要求，石河子大学的《大学生职业生涯规划与就业指导》课程根据教学任务和教学对象分为4个模块，有4个专题组负责授课任务。即第一课程组针对大一学生，开设“职业意识培养”专题，共8学时，其中理论和实践各4学时；第二课程组针对大二学生，开设“职业生涯规划”专题，共12学时，其中理论8学时，实践4学时；第三课程组针对大三学生，开设“职业素养”、“大学生创业教育”两个专题，每个专题4学时，2个理论学时，2个实践学时；第四课程组针对大四学生，开设“就业准备”、“就业形势与政策”、“毕业生就业程序及注意事项”3个专题，每个专题2学时，再加上4个实践学时。所有课程共7个专题，20个理论学时，18个实践学时。

在多年的积累中，学校提出了“四个一”的实践教学体系：即大一完成一份职业能力倾向测评报告书；大二完成一份职业生涯规划书；大三完成一份社会实践报告书；大四完成一份求职就业自荐书。学校开通了生涯规划在线自主服务，每年都为全校学生提供在线测评服务，持续为学生认识自我提供测评服务。在2016年自治区高校《新疆大学生职业发展与就业指导》精品课程评选工作中获得通过。

4. 新疆师范大学

新疆师范大学创立于1978年12月，其前身是乌鲁木齐市第一师范学校和新疆教师培训部。在学校40多年的发展历程中，新疆师范大学始终坚持政治家、教育家办教育，努力成为支撑新疆教育事业和经济社会发展的坚强力量；始终不渝地追求科学、文明、进步与真理，秉承“博学笃行，为人师表”的校训，形成了“团结、敬业、求实、创新”的优良校风；始终以民族振兴和社会进步为己任，为新疆经济社会发展特别是教师教育事业发展做出了重要贡献。

新疆师范大学将大学生职业生涯规划与就业指导作为一门重要的课程，厚植教学基础，十多年来已经形成了自己的办学特色：该课程开设时间较长，积淀丰厚。学校自2004年起，开始开设就业指导课；2006年，将《大学生就业指导》纳入本专科人才培养方案；2008年，相继出台了关于职业发展与就业指导课教学大纲以及教师管理办法，进一步规范课程；2011年，将《大学生职业发展与就业指导》作为必修课纳入教学计划，2学分，分为《职业生涯规划》和《就业指导》两个部分，分别在大一和大四面向全体学生开设，形成了成熟的课程体系和教学模式。

课程教学目标明确，内容完备。《大学生职业发展与就业指导》课程关注学生的生涯成长和全面发展，注重学生创新思维和职业素养的培养。教学内容由职业生涯规划、就业指导、创新创业三大模块组成，理论教学与实践教学相结合，涵盖自我认知、职业世界认知、生涯规划、就业形势与就业政策、就业程序与途径、求职技巧、创业教育等各方面，内容翔实而完备。

教学模式与方法多元，效果显著。注重理论与实践相结合，学校于2009年引入专业职业素质测评系统，帮助学生进行科学测评，辅助完成职业生涯规划；2013年引入新锦成职业生涯发展教育平台，与视频授课和科学测评相结合，辅助课堂教学，实现线上线下相结合的教学模式。在教学过程中，注重理论与实践相结合、团体辅导与个性指导相结合，丰富了教学方法和手段，提升了教学效果。

学校开设的《新疆大学生职业发展与就业指导》课程现有专兼职教师25

人，在全校公开选拔竞聘上岗，在师资队伍建设中注重学历结构、年龄结构、职称结构、民汉比例等因素的合理搭配，形成了以中青年教师为主，以老带新、民汉搭配，专业化、年轻化的教师队伍，具备较高的学习能力、知识素养和专业素养，更贴近学生，更有利于课程教学，深受大学生的欢迎。学校还聘请了6名校外专家，丰富师资队伍，他们来自不同行业、不同研究领域，为学校就业创业指导工作提供了社会资源，提高了指导的针对性和实效性。

在教学模式上采用线上线下相结合的方式。利用新锦成职业生涯发展教育平台优质的网络资源，在课程教学中采取任务驱动的方式，督促学生完成教育平台中的课后任务和相关的职业测评内容，既完善了课程教学的外延，丰富了教学内容，还为有效开展教学提供了资源，提高了学生学习的主动性与积极性。

在教学中，通过面授、团体学习、小组活动、完成学习任务等帮助学生有效掌握职业规划、自我管理、求职应聘、自主创业的方法，根据学生个性化需求，启动了就业指导个体咨询工作坊，面向全校学生提供个性化、“一对一”的免费咨询服务，进行有针对性指导，帮助面临职业生涯困惑的学生寻求解决之道，增强个体职业生涯决策能力和求职能力。注重教学实践，全方位促进学生职业发展。以促进学生全面发展为目标，以拓展学生综合素质和职场适应力为核心，加强教学实践环节。主要分为校内教学实践和校外教学实践。校内教学实践主要以生涯人物访谈、撰写职业生涯设计书、职业生涯规划设计展、简历与模拟面试、创业计划书设计为主。校外实践教学包括走访参观企业、参加各类人才招聘会、参观校内外创业指导服务中心、众创空间和创业孵化基地、举办SYB创业培训班。

此外，还依托课程开展《新疆师范大学生就业创业能力提升工程》，包括学生职业生涯规划能力提升计划、求职能力提升计划、创业能力提升计划等，开展生涯电影播放月活动、模拟面试大赛、职业生涯规划大赛等系列活动。通过一系列实践活动，将课程内容外延，促进学生全面发展。2009年，新疆师范大学荣获全国“毕业生就业工作先进集体”称号。在2016年自治区高校《新疆大学生职业发展与就业指导》精品课程评选工作中获得通过。

（三）新疆各类高校参与职业生涯规划教育培训情况

1. 新疆（GCDF）-全球职业生涯规划师认证培训

在自治区教育厅和相关部门的支持下，在相关高校的积极努力下，新疆高校职业生涯规划和就业指导专职队伍建设工作取得了巨大进展。根据北京北森教育科技集团有限公司提供的数据，新疆共有 20 所高校选派 79 名教师，参与各类培训，其职业化、专业化的水平有了显著提升，具体如表 4-4。

表 4-4　新疆（GCDF）-全球职业生涯规划师认证培训

序号	培训日期	培训模式	主办机构、时间	开班城市	开班人数	备注
1	2011.4.22—4.28	公开课	省厅	乌鲁木齐	46	
2	2012.10.10—10.16	公开课	省厅	乌鲁木齐	33	

表 4-5　新疆（GCDF）-全球职业生涯规划师认证培训（第一、第二期）各高校参训人数

项目名称	参训高校名称	参训人数	项目名称	参训高校名称	参训人数
GCDF 新疆 第一期（2011 年 4 月）	石河子大学	9	GCDF 新疆 第二期（2012 年 10 月）	石河子大学	5
	新疆大学	5		新疆大学	2
	新疆师范大学	4		新疆师范大学	5
	新疆农业大学	1		新疆农业大学	5
	塔里木大学	1		新疆工程学院	1
	新疆医科大学	1		新疆医科大学	1
	新疆财经大学	2		伊犁师范学院	4
	新疆工程学院	5		昌吉学院	1
	乌鲁木齐职业大学	2		克拉玛依职业技术学院	1
	新疆农业职业技术学院	4		新疆农业职业技术学院	2
	新疆轻工职业技术学院	4		新疆轻工职业技术学院	2
	巴音郭楞职业技术学院	4		巴音郭楞职业技术学院	1
	新疆昌吉职业技术学院	1		新疆警察学院	1
	新疆职业大学	1		伊犁职业技术学院	1
	新疆大学科学技术学院	1		新疆大学科学技术学院	1
	新疆建设职业技术学院	1			
合计		46	合计		33

2011 年 4 月 22 日，新疆首届 GCDF（全球职业生涯规划师职业资格认证）培训班正式开班，相对内地高校接受国际化职业生涯培训已经晚了 7 年的时间。此次培训共有来自 16 所高校共计 46 人参加。开班当天，自治区教育厅相关领导参加了开班典礼，并对此次培训做了具体要求。7 天时间专题培训，课程涉及职业生涯辅导理论、职业生涯沟通与帮助技巧，职业生涯评估过程；劳动力市场与信息；生涯目标设定与行动；职业生涯规划服务；职业生涯法律与道德标准；生涯案例资讯等 8 个专题模块。此次培训邀请了国内知名的生涯规划指导专家，北森测评知名讲师林欣老师、田林老师、杨开老师主讲，使新疆高校从事学生就业指导的一线教师零距离和国内知名专家学者一起交流学习，也是疆内高校从事大学生就业指导工作教师走向专业、职业化的第一步。第二期培训于 2012 年 10 月举办，共有 15 所高校的 33 名教师参与培训。两期培训覆盖了本专科及高职院校 21 所，其中石河子大学参训的教师最多，共计 14 人，其次是新师大 9 人，新大 7 人；高职高专院校中参训最多的是新农职，共计 6 人，新疆轻工业职业技术学院 6 人，巴州职业技术学院 5 人。

2. TTT、TTT2、EET 课程培训情况

高校职业规划教学 TTT 认证培训是由北京北森教育科技有限公司开发设计的大学生职业生涯规划教育课程。在 2009 年和 2010 年不断进行升级，升级后的培训更加契合教育部要求，以一学期的《大学生职业规划》课程教案为基础，教授如何完成 15 堂课、30 学时的大学生职业生涯规划教学任务。截至 2014 年 10 月，TTT 在全国举办了近 400 期，培训职业规划课程老师 20 000 多人。其中在新疆开办了 9 期，有 6 所高校单独举办了课程的内训，教育厅组织和新疆农业大学组织了公开培训。累计培训课程教师 417 人，新疆本专科高校均派出老师参加学习，极大地提升了各高校《大学生职业生涯规划》课程的教育质量。TTT2 共举办 3 期，培训教师 121 人。EET（大学生创新创业教育培训）举办一期，培训教师 36 人，具体情况见表 4－6 至表 4－9（数据来源于北森生涯教育科技有限公司）。

表 4-6　TTT（高校职业生涯规划 TTT 培训）**第四、第五期各高校参训人数**

项目名称	参训高校名称	参训人数	项目名称	参训高校名称	参训人数
TTT 新疆 第四期（2012 年 7 月）	石河子大学	8	TTT 新疆 第五期（2013 年 4 月）	石河子大学	3
	新疆大学	1		新疆大学	6
	新疆农业大学	5		新疆农业大学	5
	新疆工程学院	13		新疆师范大学	6
	新疆师范高等专科学校	1		新疆财经大学	3
	新疆昌吉职业技术学院	5		新疆医科大学	3
	新疆警察学院	1		新疆艺术学院	1
	新疆大学科学技术学院	3		新疆轻工职业技术学院	5
	新疆建设职业技术学院	2		伊犁职业技术学院	1
				新疆工程学院	1
				新疆大学科学技术学院	4
合计		30	合计		38

表 4-7　TTT（高校职业生涯规划 TTT 培训）**第六、第七期各高校参训人数**

项目名称	参训高校名称	参训人数	项目名称	参训高校名称	参训人数
TTT 新疆 第六期（2014 年 5 月）	石河子大学	4	TTT 新疆 第七期（2014 年 11 月）	石河子大学	4
	新疆大学	6		新疆师范大学	3
	新疆农业大学	3		新疆大学	1
	新疆医科大学	3		新疆农业大学	2
	伊犁师范学院	4		伊犁师范学院	6
	塔里木大学	13		新疆医科大学	2
	新疆应用职业技术学院	1		新疆交通职业技术学院	1
	新疆轻工职业技术学院	3		新疆应用职业技术学院	11
	巴音郭楞职业技术学院	1		新疆轻工职业技术学院	5
	新疆警察学院	1		克拉玛依职业技术学院	1
	新疆大学科学技术学院	4		新疆昌吉职业技术学院	2
				新疆建设职业技术学院	1
				巴音郭楞职业技术学院	1
				昌吉学院	3
				新疆大学科学技术学院	4
合计		43	合计		47

表 4－8　TTT－2（高校就业指导教师培训）各高校参训人数

项目名称	参训高校名称	参训人数	项目名称	参训高校名称	参训人数
TTT2 新疆 第一期（2015 年 4 月）	石河子大学	6	TTT2 新疆 第二期（2015 年 7 月）	石河子大学	1
	新疆师范大学	2		新疆师范大学	20
	新疆农业大学	4		伊犁师范学院	2
	新疆医科大学	2		新疆大学	5
	昌吉学院	3		新疆工程学院	2
	新疆工程学院	2		伊犁职业技术学院	2
	新疆应用职业技术学院	10		新疆职业大学	2
	新疆警察学院	2		巴音郭楞职业技术学院	2
	克拉玛依职业技术学院	1		新疆交通职业技术学院	2
	新疆交通职业技术学院	4		乌鲁木齐职业大学	1
	新疆职业大学	2		新疆大学科学技术学院	3
	新疆建设职业技术学院	1			
合计		39	合计		42

表 4－9　EET（大学生创新创业教育培训）

序号	培训日期	培训期数	培训模式	学校名称	开班城市	参训人数
1	2016 年 6.23—6.25	1	区域合作班	克拉玛依职业技术学院	克拉玛依	36

表 4－10　EET（大学生创新创业教育培训）各高校参与人数

项目名称	参训高校名称	参训人数
EET 新疆第一期（2016 年 5 月）	新疆师范大学	3
	新疆农业大学	1
	昌吉学院	3
	伊犁师范学院	2
	新疆职业大学	1
	克拉玛依职业技术学院	20
	新疆轻工职业技术学院	4
	巴音郭楞职业技术学院	2
合计		36

通过已有的数据统计，新疆各类高校参与培训的重点是高校 TTT 的课程培训。本科类很多高校还专门组织了自己的内训，如新师大、新农大、石河子大学、塔里木大学，非常重视课程建设。一些高职高专院校参与课程培训教师的数量相对较少，这与在校学生的数量和学校的重视程度是有关系的。除此以外，针对教师能力提升，如 GCDF 全球职业生涯规划师、BCC 教练技术的专业培训较少，受训教师的总量也较少，需要在今后不断改善。

三、新疆高校职业生涯规划教育调查情况

（一）新疆教育主管部门政策文件调查分析

为了全面了解新疆高校职业生涯规划教育的基本情况，课题组通过走访、调研，并借助网络资源查阅了自治区和兵团教育主管部门及人力资源和社会保障部门的官方网站，详细查看了近几年发布的相关文件，从政策和文件中梳理出地方政府对大学生就业、职业指导、生涯规划等具体工作的定位和做法，现就调查结果分析如下。

1. 新党发〔2010〕18 号文件解析

在自治区及兵团出台的诸多文件中，为贯彻中央新疆工作座谈会和自治区党委七届九次、十次全委（扩大）会议精神，在认真落实现行就业政策基础上，采取更加积极的就业政策，进一步拓宽就业渠道，促进大中专毕业生充分就业。新党发〔2010〕18 号《自治区党委自治区人民政府关于进一步促进大中专毕业生就业的意见（试行）》的下发，可以说是指导新疆高校开展职业生涯教育最具分量的文件。文件把大学生的就业工作上升到新疆跨越式发展和长治久安的重要层面。大中专毕业生就业，关系千家万户切身利益，关系民族团结、社会和谐，关系改革发展稳定大局。

文件要求统筹做好大中专毕业生就业工作，突出重点，促进高校毕业生特别是南疆三地州、少数民族高校毕业生和女大学生就业；突破难点，转变大中专毕业生就业观念、提升就业能力，优化创业环境；多措并举、分类施策，注重措施针对性和有效性；坚持市场就业方针，实行双向选择；鼓励大中专毕业生到企业、农村、基层就业和自主创业；强化政策推动、岗位开拓、培训效能、就业服务，逐步提高大中专毕业生就业稳定性。到 2014 年

底，通过多措并举，力争使2009年以前毕业的未就业大中专毕业生和2010—2012年毕业的高校毕业生基本实现就业，总计28万人（2009年底以前毕业的7.5万人，2010年毕业的6.5万人，2011年毕业的7万人，2012年毕业的7.2万人）。其中，鼓励企业吸纳9万人，基层社会管理和公共服务岗位（含公益性岗位）安排就业4万人，农牧业生产经营管理和服务岗位安排就业1.8万人，基层就业项目安排1.7万人，机关招考1万人，事业单位招聘4.9万人（含特岗教师、支援省市培养），就业见习3.1万人，2万余人自谋职业、自主创业或参与到职业技能培训等各项就业准备活动中。

文件进一步强化就业观念教育。通过开展职业指导、就业形势报告会、励志讲座、社会实践、心理辅导等多种形式，引导大中专毕业生正确认识就业形势，正确看待自身能力与社会需求，在就业时不等不靠、不挑不拣，先就业后择业，树立“行行可建功、处处能立业、劳动最光荣”的就业观和成才观。建立大学生创业孵化基地和创业园。

2. 自治区人社厅、教育厅、兵团教育局近四年的文件材料分析

通过对新疆人力资源和社会保障厅2012—2014年下发的240份文件，自治区教育厅2012—2014年下发的600份文件、兵团教育局2012—2014年下发的117份文件的查阅，共梳理文件资料957份，现将调查结果总结如图4-2。

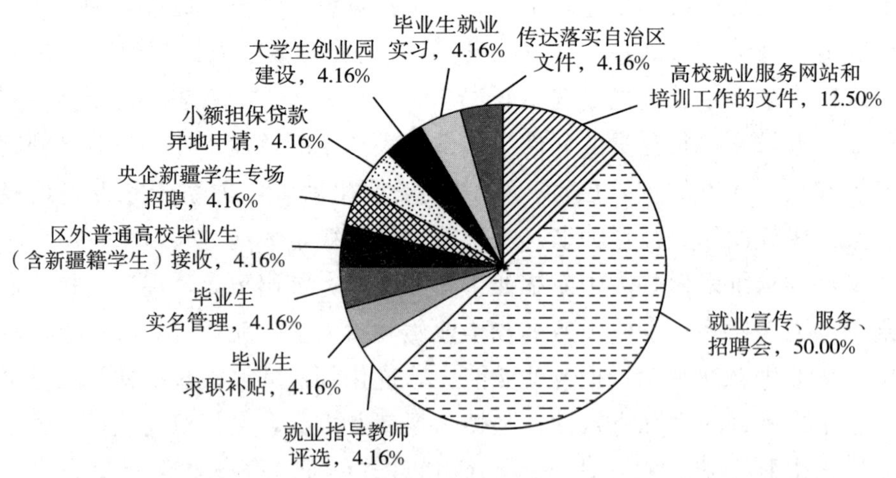

图4-2　自治区人社厅、教育厅和兵团教育局下发的文件类型分布

自治区人力资源和社会保障厅信息平台中的就业促进与服务板块，从2012年5月—2014年1月发布文件100份，其中涉及高校毕业生就业相关工作的文件共计24份，占发文总量的24%。其中涉及高校就业服务网站和培训工作的文件3份，就业宣传、服务、招聘会及相关要求的文件12份，高校就业指导教师评选的文件1份，毕业生求职补贴文件1份，毕业生实名管理文件1份，区外普通高校毕业生（含区外高校新疆生源返疆毕业生、区外高校非新疆生源来疆就业毕业生）工作文件1份，中央企业面向新疆毕业生专场招聘工作1份，小额担保贷款异地申请工作1份，推进大学生创业园建设文件1份，毕业生就业见习工作1份，传达自治区指导性文件1份。

自治区人力资源和社会保障厅信息平台的职业能力建设板块中，共查阅文件140份，涉及高校毕业生就业、创业的指导性文件共计12份。其中关于高校创业指导教师培训文件2份，关于大学生创业培训及创业大赛文件6份，关于创业培训工作信息通报2份，转发、落实自治区文件2份，各类文件详见图4-3。

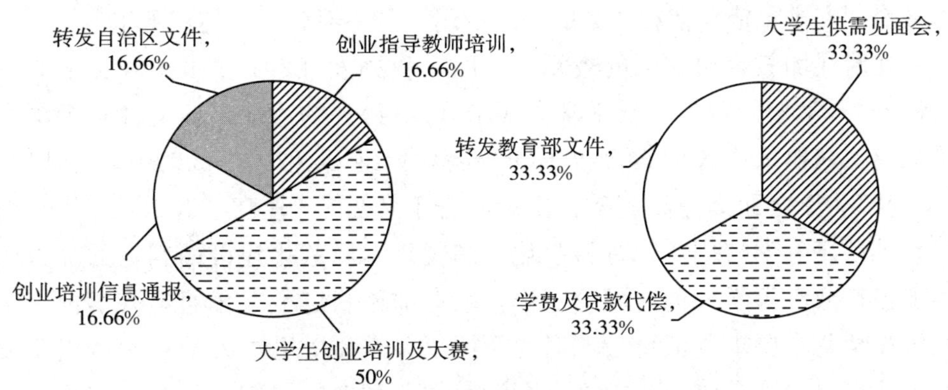

图4-3　自治区人社厅下发的有关职业能力建设文件类型分布

自治区教育厅官方网站的“文件通知”栏目共收录相关文件材料600份，其中涉及大学生就业工作的共3份，举办毕业生供需见面会文件1份，毕业学生学费及助学贷款代偿文件1份，转发教育部文件1份。

通过对文件的统计可以看出，自治区人力资源和社会保障厅、自治区教育厅在涉及高校毕业生就业指导的文件比例很少，其工作重心多放在组织安排供需见面会、创业培训等方面，还是为解决严峻就业问题所进行的应对工作，只有个别文件提到了加强创业指导教师的培训。虽然这方面的文件所占的比例较少，但可以看出政府主管部门开始加强对高校就业指导老师的专业化培训，值得肯定。在涉及如何改进高校人才培养模式、加强与用人单位合作，改进高校学生实习、实践，提高毕业生就业能力，提升高校就业质量等方面的文件没有查阅到。在具体落实新党发〔2010〕18 号文件要求的“加强就业指导队伍建设，开展职业指导师培训和认证，把就业指导列入大中专院校教师职称评审范围，设置专业学科，解决就业指导专职教师职称评定”等问题上的落实还不充分。因此，通过对政府部门历年出台的相关文件可以看出，自治区相关职能部门在进一步推动职业生涯规划教育，强化高校对学生成长、成才的过程管理方面还是比较欠缺的。

为提升新疆高校就业指导教师的专业化水平和能力，推动新疆高校全面落实就业指导课程作为必修课程进入教学计划。2011 年 3 月，自治区人社厅毕业生就业指导中心下发了《关于参加新疆首届 GCDF 全球职业生涯规划师职业资格认证培训的通知》，通知得到了各高校的积极响应。此次培训由教育厅安排免费食宿和一半的培训费用，另一部分由各高校承担。

在对兵团教育局官网的查阅中，即兵教办发〔2012〕132 号关于印发《普通本科学校创业教育教学基本要求（试行）》的通知，该文件是为深入贯彻落实《国家中长期教育改革和发展规划纲要（2010—2020 年）》以及《教育部关于全面提高高等教育质量的若干意见》（教高〔2012〕4 号）精神，推动高等学校创业教育科学化、制度化、规范化建设而判定的。为切实加强普通高等学校创业教育工作，教育部还制定了《普通本科学校创业教育教学基本要求（试行）》，对此石河子大学和塔里木大学在学生创业教育方面也提出了具体的要求。内容涉及创业教育的原则、内容、方法、组织管理，同时制定了《创业基础教育大纲（试行）》，可以说，这是一个具体的、可操作性强的指导性文件。虽然文件中对创业教育给予了高度重视，希望能通过创业教育带动就业，但现实的环境和配套的措施不到位，高校缺乏具有创业经验的专职教师，学生的创业意识不足，这些困难的存在使得创业教育基本停留在课堂教学的层面，真正想通过创业来带动就业的目标还有很长的路要走。

（二）新疆各高校就业指导中心调查情况

为进一步了解新疆各高校职业生涯规划教育的现状，课题组针对新疆高校就业指导部门专门设计了调查问卷，并走访了相关高校进行实地调查。根据新疆高校不同的办学层次和办学类别，一共选择了19所高校，其中乌鲁木齐10所，昌吉3所，石河子2所，巴州1所，克拉玛依1所，喀什1所，阿克苏1所。这些学校中普通本科院校11所，专科及职业技术院校8所。现将调查结果总结如下。

1. 各高校开展职业生涯规划教育的时间

从调查的结果我们可以发现，参与调查的19所高校到2012年都已经开展了职业生涯规划教育，但各高校开展的时间略有不同，集中开展职业生涯规划教育主要集中在2009年、2010年、2011年，这与新疆维吾尔自治区特殊的政治、经济、文化背景密切相关。新党发〔2010〕18号文件和新教学〔2011〕3号文件的相继出台，加速和规范了新疆各高校职业生涯规划教育工作。当然，我们也清楚地看到，新疆的职业生涯规划教育明显落后于全国的职业生涯规划教育工作，而且至少落后了4年的时间。因此，我们需要学习和积累的工作还很多。同时我们也看到了政府在推动职业生涯规划教育工作中的强大推力，希望自治区和兵团主管部门能继续指导新疆的职业生涯规划教育。调查结果如图4-4。

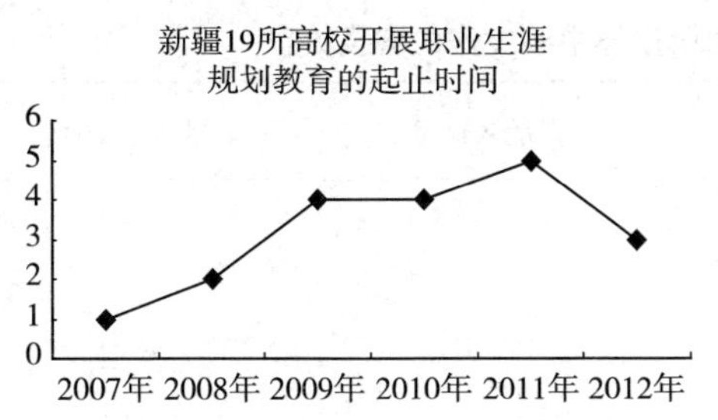

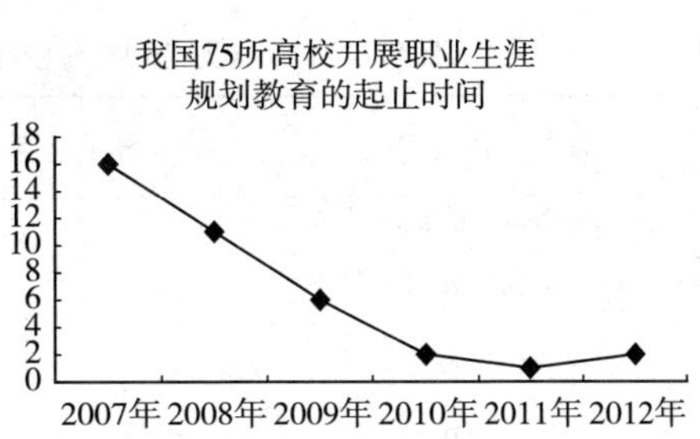

图4-4　新疆19所高校开展职业生涯规划教育的时间

2. 新疆各高校就业指导中心工作内容比例

通过问卷调查和现场调研，19所高校就业指导中心的主要工作内容是学生就业事务性工作（组织招聘会、报送相关就业数据、制定就业计划、学生档案管理等），学生就业渠道拓展（联系校企合作、实践基地），职业生涯规划和就业指导课程建设，创业教育和培训，学生就业质量跟踪调研，校院两级就业指导专职人员培养提升，组织开展相关技能培训和专业认证等。在这些具体工作内容中，学生就业事务性工作占据了全部工作的绝大部分，学生就业渠道拓展、就业质量研究等工作所占比重很少。职业生涯规划教育和创业教育还处在被动应付的状态，学校结合自身特点主动开展的教育活动和工作显得很欠缺，根据各高校的实际情况进行综合分析，各项工作的比重见图 4－5、表 4－11。

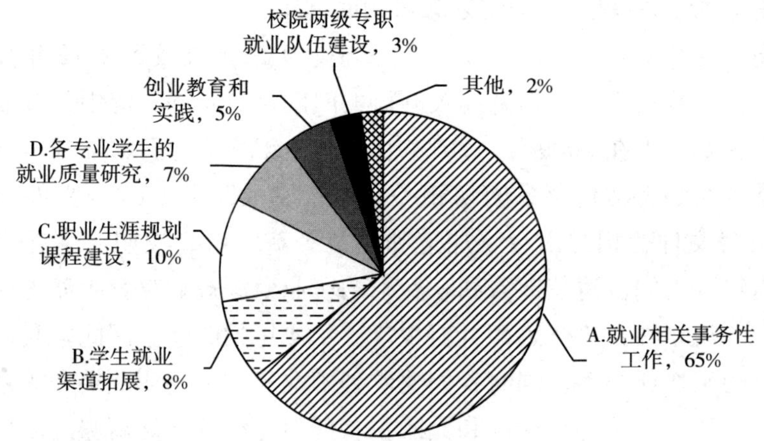

图 4－5　新疆 19 所高校就业指导中心工作内容及比重

表 4－11　全国 75 所高校就业指导中心工作内容及比重

各项工作内容	最小比例	最大比例	平均比例
事务性工作比例	0	70	31.95
就业渠道工作比例	5	80	31.78
职业规划工作比例	5	70	26.68
其他工作比例	0	25	9.59

从以上图表中我们可以发现，接受调查的 19 所新疆高校就业指导中心事务性工作的比重达到 65％，远远高于全国高校就业指导中心事务性工作比重的 31.95％；就业渠道工作比重新疆高校平均为 8％，远低于全国高校 31.78％的水平；职业规划教育工作比重 10％，远低于全国高校的 26.68％

的比重。由此可以看出，接受调查的新疆高校就业指导中心大量的工作内容在处理事务性工作，而且事务性工作耗费了大量的人力物力，一些发展性、建设性、研究性的工作投入较少，这和未来学生的职业发展和职业成长，以及如何提升学生就业质量是不相符的，需要进行调整和改革。

3. 新疆各高校就业指导中心人员配备及师资情况

根据调查数据可以看出，19 所高校就业指导中心专职人员共计 92 人，其中少数民族就业专职人员 25 人，占就业中心专职人员的 27.17%。每所高校就业指导中心专职工作人员为 1～8 人不等，有些高校还没有设立专门的就业指导部门，就业工作由学生处的老师兼任。平均年龄为 35.5 岁，男女比例为 41∶51。根据教育部发布的关于做好全国普通高等学校毕业生就业工作的通知，高校校级专职就业工作人员数量与应届毕业生人数比例不得低于 1∶500 的要求，受调查的 19 所高校，每年的毕业生约 57 000 人，校级层面的就业专职人员需求为 114 人，与实际的 92 人还有 22 人的差距，缺编达 19.29%。与此同时，通过数据分析，一些本科生人数在 1.5 万～2 万人以上综合高校，校级层面的就业专职人员远远低于教育部要求的标准，缺编高达 30%～40%，如石河子大学、新疆大学、新疆农业大学等。而一些职业技术院校的就业专职人员的配备就相对好一些，但也缺编 10%左右。因此，新疆高校就业指导工作的专职人员与日益增长的学生人数是不匹配的，需要相关部门给予重视和解决。

在就业指导工作的专职教师中，专门负责职业生涯规划教育的老师基本没有学科、专业的背景，全都是主管学生工作的基层干部、一线的专职学生工作者通过短期的培训和学习，考取了一些资格认证后开展职业生涯教育工作的，整个的教育指导工作仍处在摸索的过程中。由此可以看出，新疆高校的职业生涯教育工作在师资数量上是紧缺的，在专业化程度上也是欠缺的。当然，整体工作队伍年龄结构上还是好的，比较年轻，有活力，有朝气，如果给予好的政策支持，这支年轻的学生干部队伍经过 3～5 年的工作积累和沉淀，完全可以担当起高校职业生涯规划教育的重担。

4. 新疆各高校开展《大学生职业生涯规划与就业指导》课程的情况

根据问卷统计，新疆部分高校最早以选修课、讲座形式开设就业指导课可追溯到 2002 年。当时课程的内容主要以就业形势的分析、就业政策解读、就业手续办理、面试礼仪等内容为主，课程对象主要是大四即将毕业的学生。2007年以后，有更多的高校开设了《大学生职业生涯规划与就业指导》课程，其主要原因是2007年4月22日，国办发〔2007〕26号《关于切实做好2007年普通高等学校毕业生就业工作的通知》的第七条明确要求："开展高校就业指导人员认证工作，加强就业指导教师队伍建设，把就业指导课纳入教学计划。"这期间，新疆农业职业技术学院在课程教学、师资培养、教学理念等方面一直走在前列。2009年4月29日新农职和自治区人事厅毕业生就业指导中心联合举办"高校职业规划TTT培训班"，率先将内地知名企业北森测评新的生涯规划理念带到了新疆。新疆大学等7所院校的55名就业指导人员参加了培训。新疆各高校全面铺开《大学生职业生涯规划和就业指导》课程。作为必修课列入教学计划是2011年9月。因为2011年4月13日，新教学〔2011〕3号《关于开设就业指导必修课的通知》正式印发，文件要求各高校从2011年秋季学期（9月1日）起，各高校要开设就业指导课，作为普通高校学生的必修课纳入教学计划当中，学时数不少于教育部规定的38个学时。而且教育厅还专门编写了适合新疆高校特点的《新疆大学生职业生涯与就业指导教材（试行版）》作为课程指定教材，全面开启了新疆高校的职业生涯规划教育，新疆各个高校绝大多数按照这一要求落实了相关政策。不同之处就是在38个学时的内容安排上各有差异。此外，部分高校还购买了"大学生网络测评系统"，帮助学生借助成熟的测评软件进行自我探索和环境认知。如"锦程"、"吉讯"、"新锦城"等网络测评系统，在19所高校中，开展网上测评服务的高校有6所，多集中在综合本科院校和个别的职业院校，占调查高校的31.5％。

5. 对今后开展职业生涯规划教育工作的认识和态度

针对今后如何更好地开展职业生涯规划和就业指导，所有高校都表示要支持此项工作，鼓励专兼职就业指导老师参加国家和专业机构组织的认证培训和资格考试，有明确政策支持的占68.4％。目前，一些专职的就业指导老师已经考取相关职业生涯规划认证资格主要有GCDF全球职业生涯规划师、全国就业指导人员初、中、高级认证等，其中GCDF全球职业生涯规划师约100人左右，获得全国就业指导人员认证的老师基本覆盖了从事就业指导工作的老师，这与自治区教育主管部门每年提供的就业指导人员培训是密切相关的。关于在高校设立专门的职业生涯指导中心，购置专业的职业测评系统，各高校认识基本相同，只是启动这些工作的具体时间因各高校实际情况略有不同。

（三）各高校就业指导工作专兼职教师调查情况

1. 调查的基本情况

此次问卷调查是借助新疆教育厅组织的两次疆内高校就业指导工作集中培训时机安排的。一次是在 2011 年 7 月，第二次是 2012 年 8 月。借助两次集中培训，课题组发放问卷 100 份，回收问卷 85，回收率 85%。参与调查的高校有 22 所，占新疆高校总数的 65.625%。其中本科院校 13 所，高职高专学校 9 所。参与调查的老师，21～25 岁的老师 20 人，26～30 岁的老师 26 人，31～35 岁的老师 13 人，36～40 岁的老师 9 人，41～45 岁的老师 5 人，46～50 岁的老师 7 人。其中男性老师 41 人，女性老师 44 人，少数民族老师 12 人，如表 4-12、表 4-13、图 4-6 所示。

表 4-12　高校就业指导工作教师调查情况（一）

年龄	21～25 岁	26～30 岁	31～35 岁	36～40 岁	41～45 岁	46～50 岁
人数	17	35	15	3	12	3

表 4-13　高校就业指导工作教师调查情况（二）

职务	专职辅导员	兼职班主任	学办主任	团委书记	主管领导
人数	41	27	8	5	4

通过参与调查的老师年龄和职务情况分析，各高校在学生工作一线从事就业指导工作的老师相对年轻，多是一些刚毕业的研究生和工作 3～5 年的年轻学生辅导员或兼职班主任，占整个调查人数的 61.2%。主管学生工作的中层干部占调查人数的 20%，说明各高校主管学生的中高层领导也在积极参与学习，这对今后更好地开展职业生涯规划教育奠定了人员和师资的基础。

2. 问卷分析

问卷的第二部分主要从参与调查的老师这里了解一下他们对职业生涯规

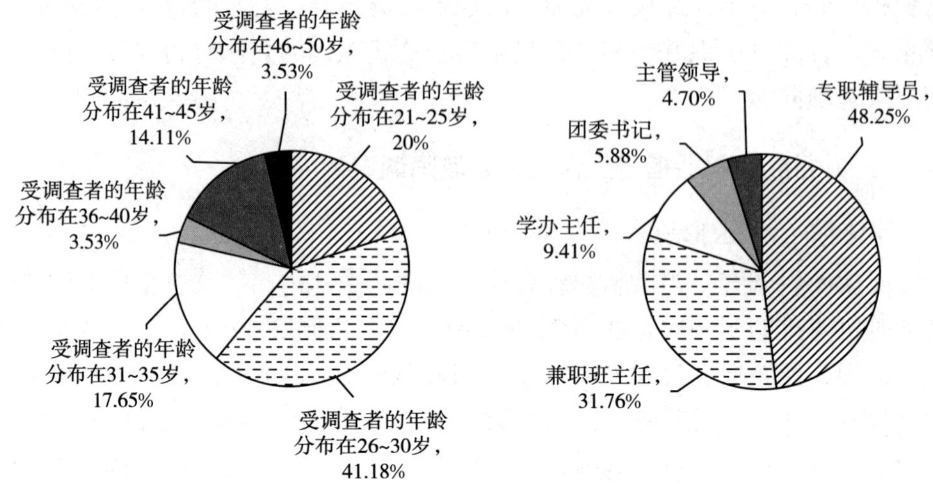

图 4－6　高校就业指导工作教师调查情况分布

划教育的基本认识和重要性，设计了 3 个小问题，即对职业生涯规划教育的基本认识，职业生涯规划和就业指导的联系区别，高校开展职业生涯规划教育的必要性，调查结果如表 4－14、图 4－7。

表 4－14　调查老师对职业生涯规划教育的基本认识程度

评价	非常了解	比较了解	听说过	比较陌生
人数	11	33	32	9

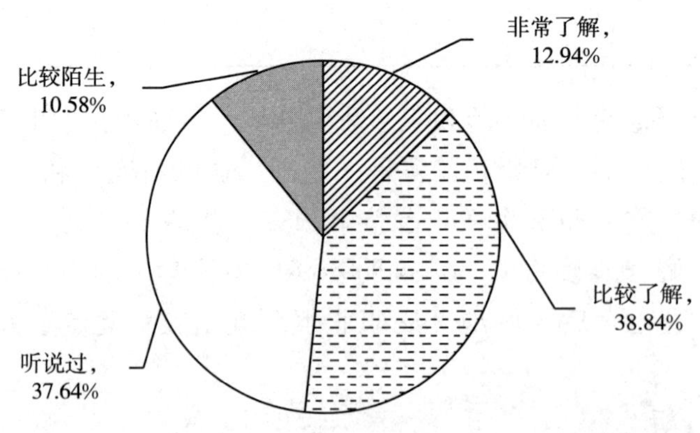

图 4－7　调查老师对职业生涯规划教育的基本认识程度

对职业生涯规划教育工作非常了解的占 12.94%，比较了解的占 38.82%，二者合计为 51.76%，可见此项教育工作在专兼职的学生工作者中被关注、被了解的程度是比较低的。需要花更多的时间来普及此项工作。

对高校的就业指导工作和大学生职业生涯规划教育工作的区别，接受调查的老师有 56.47%认为区别很大，认为区别不大的占 38.82%，没什么区别的占 4.71%。通过数据可以看出，一半多的老师对职业生涯规划教育工作的重要性还是非常认可的，并希望在高校开展此项工作，所有的老师都认为有必要开展此项工作，其中认为迫切需要开展此项工作的老师占 52.94%（图 4-8）。

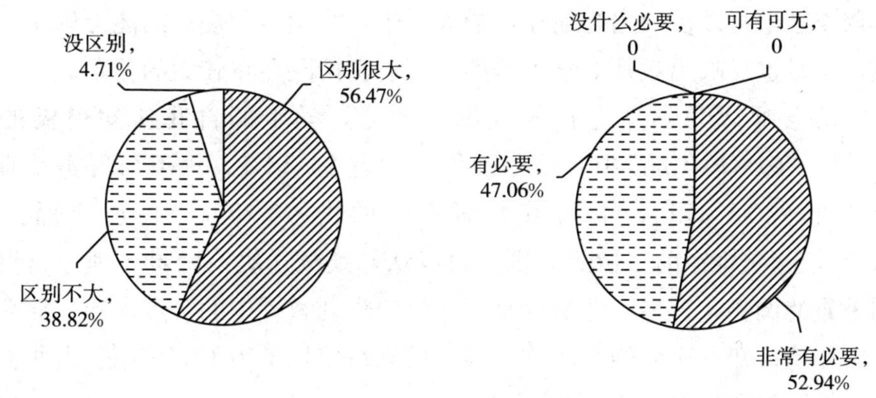

图 4-8　对就业指导工作和职业生涯规划教育工作的区别的认识

第三部分想从老师这里了解一下他们对当前在校学生生活和自我规划方面的能力以及学生存在的突出问题。通过受访老师，我们了解到很多高校的专兼职学生工作者对当前学生的学习生活及自我规划能力的评价不容乐观。认为非常差的 7 人，比较差的 22 人，一般的 44 人，比较好的 8 人，非常好的 4 人，如表 4-15、图 4-9 所示。

表 4-15　教师对学生自我规划能力的评价情况

评价	非常差	比较差	一般	比较好	非常好
人数	7	22	44	8	4

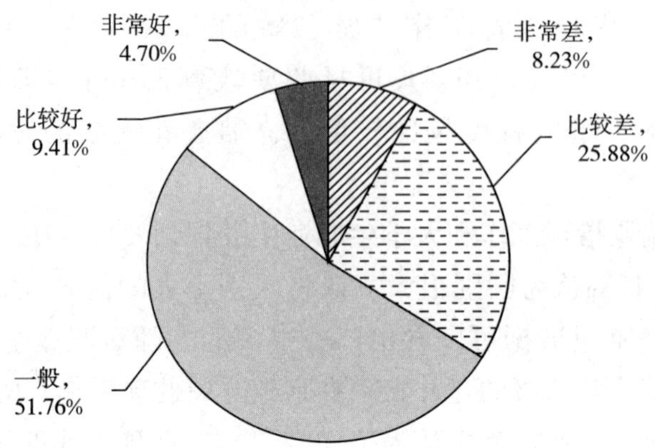

图 4－9　教师对学生自我规划能力的评价分布

调查结果可以反映出当前在校的大学生自主学习和规划的能力确实不容乐观，同时也反映出教师对学生的期望与现实情况存在较大的差距。

受访老师认为学生存在的问题主要是，学生的自我认知模糊的占55.88%，在具体的实践中有计划没行动的占23.52%，理想与现实矛盾很难调整的占41.17%，不知道如何决策的占54.28%，心态浮躁的占38.23%。问题排在前三位的分别是自我认知模糊、决策困难、理想与现实之间矛盾的调整。这些问题恰恰是职业生涯规划教育中的重点内容，如自我认知、环境认知、决策的方法技巧等。可见在校学生当下的困惑急需职业生涯规划教育的介入（图 4－10）。

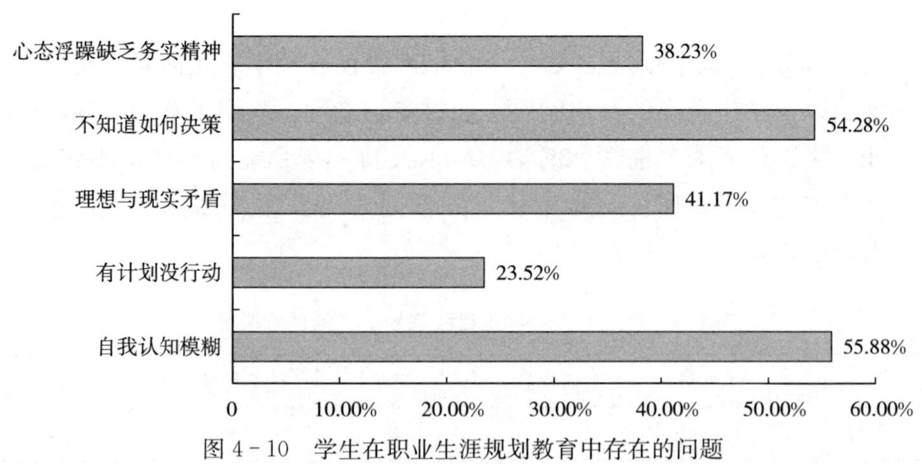

图 4－10　学生在职业生涯规划教育中存在的问题

第四部分是想了解老师对所在高校职业生涯规划教育课程的认识和了解，如开设课程的时段、课程的性质、学生对课程教授的形式等问题。共涉及 3 个小问题，具体情况如下：对于开设课程的阶段，有 26 人认为在大一开设比较合适，有 10 人认为在大二开设合适，有 16 人认为在大三开设合适，没人认为在大四开设合适，有 33 人认为在大一到大四的全过程都需要开设，如图 4－11 所示。

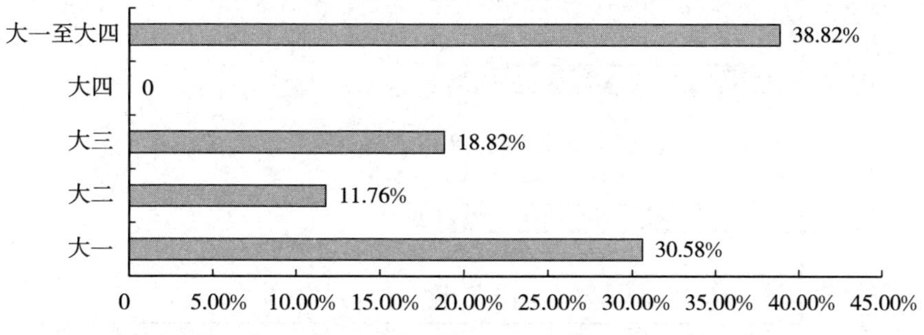

图 4－11　教师对高校开设职业生涯规划课程的时段的看法

对开课的时间段，有 30.58％的老师认为在大一安排比较好，有 11.76％的老师认为安排在大二比较合适，有 18.82％的老师认为安排在大三比较好，有 38.82％的老师认为应该在大学四年的全过程安排职业生涯规划教育的课程。数据显示，仅有三分之一的老师认为应该在大学的全过程安排此课程，根据我们的理解，大多数的老师对职业生涯规划课程的性质、特点和重要作用还没有认识到位，该课程必须结合大学和学生的实际，将职业生涯规划的知识分布在四年的八个学期中。这样才能保证知识的连续性，在不同阶段给予学生不同的、实际的指导。

对于课程的性质，有 37.64％的老师认为非常有必要开设公共必修课，有 52.94％的老师认为有必要开设公共必修课。对于课程的定位，受访老师的认识是非常统一的。

从教师的角度来看，学生对于职业生涯规划课程教授的形式，主要集中在以下 6 种，即课程讲授、专题讲座、网络测评、生涯规划大赛、生涯体验、职场精英经验介绍等。老师认为学生都很现实，需要从一些立竿见影的活动中来获得职业生涯的知识。因此，在这 6 种形式中，学生的需求和热情指数由高到低分别是：对生涯体验的热情非常高，占 52.94％，对于职场精英经验介绍占 44.70％，对专题讲座的需求占 29.41％，学生对于生涯大赛的需求占 25.88％，课程教授的需求占 24.70％，网络测评的需求占 8.23％（图 4－12）。

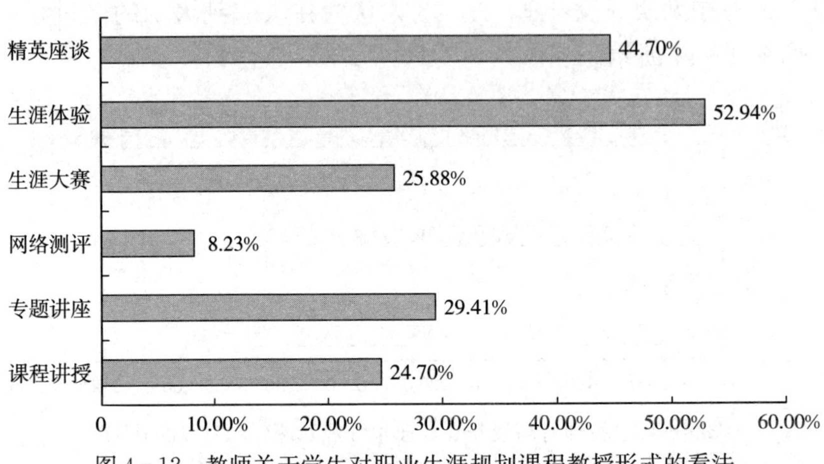

图 4－12　教师关于学生对职业生涯规划课程教授形式的看法

第五部分主要想了解老师对高校职业生涯规划教育方面的期望和建议，同时想通过老师了解各高校在职业生涯规划教育方面的长远规划和考虑，共涉及问题 5 个。具体的情况如图 4－13 所示。

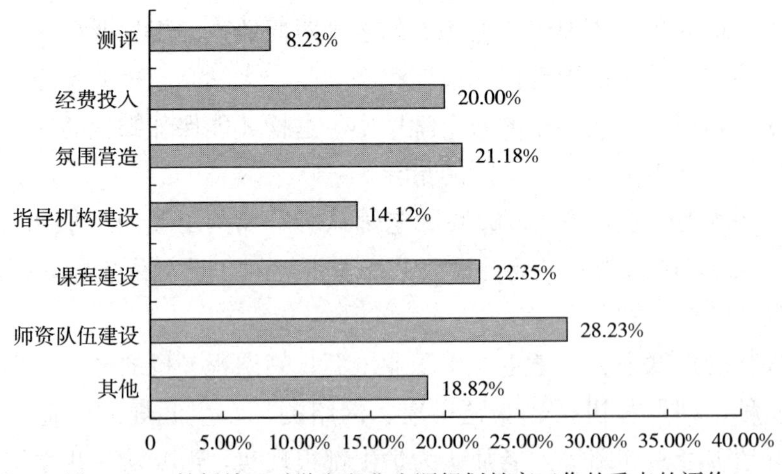

图 4－13　教师关于对学生职业生涯规划教育工作的重点的评价

对于高校在职业生涯教育工作方面的工作重点，按照各项工作的重要程度排序，受访老师认为专业的师资队伍建设是推动此项工作的重点，占受访老师的 28.23％；其次是职业生涯规划教育的课程建设，占受访老师的 22.35％；第三位是学校整体的职业生涯规划教育的氛围营造，即从校园文化、教学管理、学生自主规划意识的培养，教师对此项工作的重视，相关部门对职业规划的推动等，占受访老师的 21.18％，第四位是职业生涯规划教育的经费投入，占受访老师的 20％；后面是关于加强网络测评的推广、加强校企之间的合作，为学生提供更多的实践环境等。由此可见，高校教师认为师资力量的培养和课程建设是推动此项工作的重中之重。

根据受访教师的回答进行统计，目前有 25.89％的高校购置了在线网络测评系统，24.7％的高校计划购置网络测评系统，49.41％的高校没有购置网络测评系统。由此可以看出，网络测评技术的使用在众多高校的推广还需加强。而且随着网络技术的发展，成熟的、开放的测评技术对学生的自我认知和环境认知确实有很多的帮助，同时也可以帮助一线学生工作者全面了解个性特点鲜明的学生（图 4－14）。

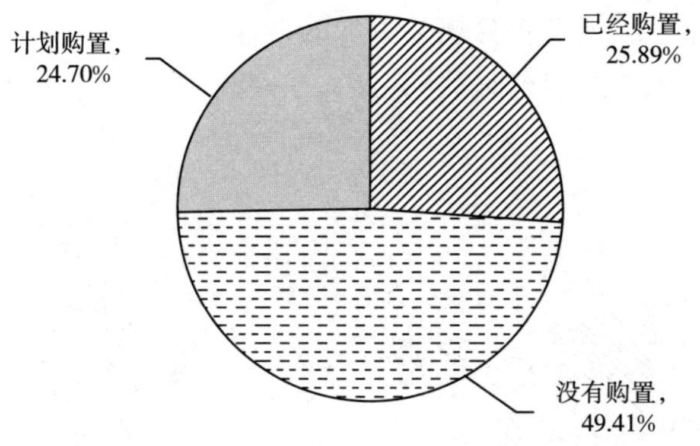

图 4－14　网络测评系统购置情况

各高校对一线专兼职学生工作者的职业化、专业化发展非常重视，近 75％的高校都有相关的支持措施，鼓励一线学生工作者考取专业的职业资格认证，更好地指导学生职业发展，没有明确支持态度的高校占 25.88％。如图 4－15 所示。

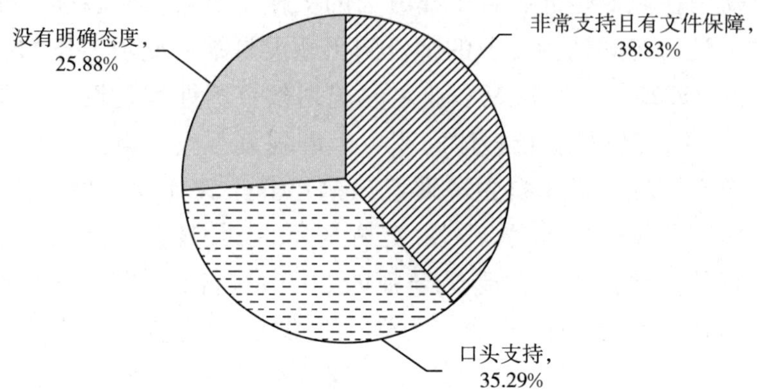

图 4-15 高校对学生职业生涯规划工作职业化、专业化重视程度

受访的教师计划考取相关职业规划认证的占受访人数的 45.88%，已经考取相关认证的占 11.76%，暂时没有考证计划的老师占 42.36%（图 4-16）。此项调查的结果可以看出，当前从事职业生涯规划教育的专业老师比例较小，其职业化、专业化程度较低。已经考取认证的主要是国家就业指导部门推行的初级、中级就业指导工作认证，与全国其他高校认可的具有国际化背景的 GCDF 全球职业生涯规划师和 BCC 教练技术还有较大的差距。因此，新疆高校的职业生涯规划教育想要更加的专业化、本土化，还需教育主管部门、各高校和一线专兼职老师共同努力，一起提升职业生涯规划教育的专业化水平。

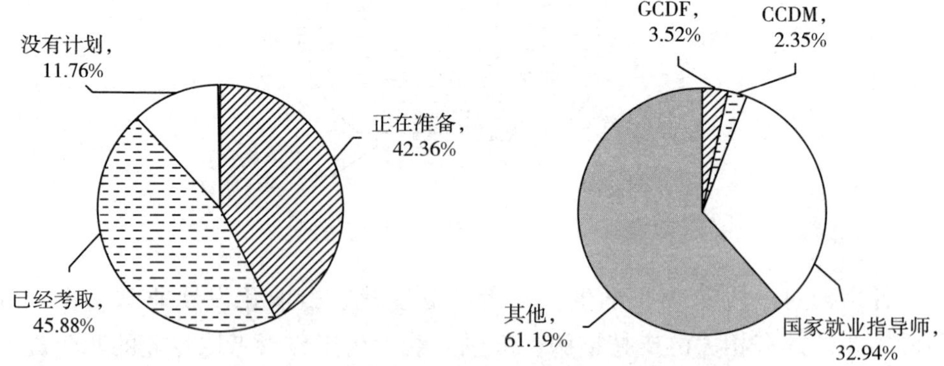

图 4-16 受访教师参加职业生涯规划认证情况

（四）各高校在校汉族大学生调查情况

1. 问卷调查的基本情况

为更好地了解新疆高校在校大学生对职业生涯规划教育的认识情况，课题组先后走访了疆内 19 所高校，发放问卷 2 000 份，回收 1 873 份，回收率 93.65%。受访学生中大一学生 516 人占 27.54%，大二 489 人占 26.10%，大三学生 447 人占 23.86%大四学生 421 人占 22.47%，男生 1 021 人，女生 852 人，涉及理、工、农、医、管理、艺术、教育、法学等八大学科门类的 37 个本科专业。调查问卷共设计了五个部分内容。第一部分主要了解当前在校大学生的专业学习和生活状态；第二部分主要了解大学生对职业生涯规划教育的认知程度；第三部分主要是学生对自己今后的职业发展是如何规划的；第四部分主要了解大学生在进行职业决策时考虑的主要因素；第五部分主要了解大学生对所在高校职业生涯规划教育的评价。

2. 问卷分析

问卷的第一部分主要想了解当前在校大学生的学习生活以及对所学专业的认知程度，共涉及 4 个小问题。

第一个问题是：您现在所读的专业是如何选报的？调查结果如图 4 - 17。

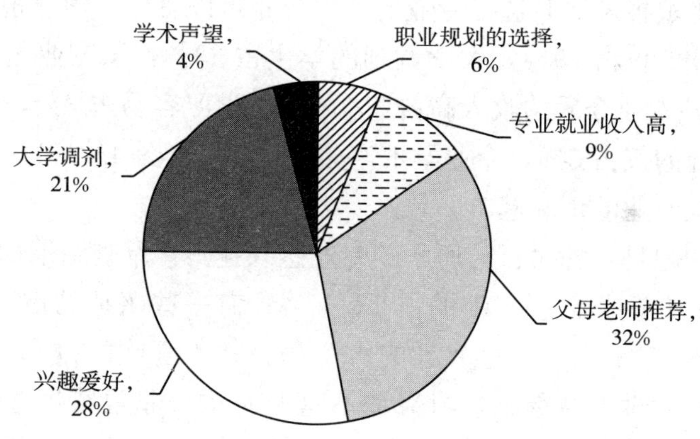

图 4 - 17　新疆高校学生高考志愿填报理由分布

调查结果显示，新疆高校的在校大学生在填报志愿时，父母老师的意愿对学生的影响很大，占到受访学生的32%，根据自己兴趣爱好选报的占28%，根据自己职业发展规划选报的仅占5.6%，大学调剂的占21.2%，根据专业的学术声望选报的仅占3.5%，根据专业的收入高低选报的占8.9%。此项数据可以反映出很多的问题。第一，学生家长的主观意愿对学生学业和今后职业发展影响巨大，说明传统的家庭教育中，父母对孩子管得太多、期望太多，但了解得很少，没有很好地结合学生自己的意愿、爱好、兴趣、优势进行科学的选择；第二，高中阶段的教育还是以应试教育为主，还是追求升学率、上线率，重点率，没有增加对孩子职业教育的引导，职业生涯教育极度欠缺。高中的学生只是知道要考高分、上个好大学，至于如何选择学校、如何选择专业、个人今后职业发展方向在哪，都交给家长老师来解决。第三，在选择高校和具体专业时，家长、学生和老师的功利心还是比较强的，什么专业好就业、什么专业收入高就选什么专业，这一方面造成了大学生就业的结构性矛盾，同时也加速了高校专业发展的盲目性，最终加剧了社会需求和人才培养的错位。第四，大学在进行招生过程中，为了确保部分专业的发展和师资的利益，专业调剂的比例过高，这在很大程度上对学生职业生涯意识的培养和建立也产生了很大的阻力。

这个现象从全国层面也可以得到清晰的验证。根据麦可思—中国2009届本科毕业生填报志愿时选择专业的理由分布可以看出，学生根据自己兴趣爱好选择专业的仅占29%，大学调剂的学生占23%，该专业今后的就业容易占20%，该专业今后的收入高占5%，专业学习容易占3%，根据自己的职业规划选择的仅占3%，专业学术声望仅占4%（图4-18）。这和新疆在校大学生选报专业的情况基本一致。

第二个问题是：您对自己所学的专业感兴趣吗？调查结果如图4-19。

对自己的专业非常感兴趣的占12.65%；有一些兴趣的占57.22%；不怎么了解的占17.46%；不感兴趣的占9.07%；不喜欢的占3.6%。由此可见，当前在校大学生的专业学习兴趣不是非常浓，非常感兴趣的和不感兴趣、不了解的学生相当，各占12%左右。这个问题和第一题相联系也可以发现，学生填报志愿时的兴趣、爱好与现实的专业兴趣之间存在一定的差距，后期需要高校加强对学生专业学习兴趣的引导。

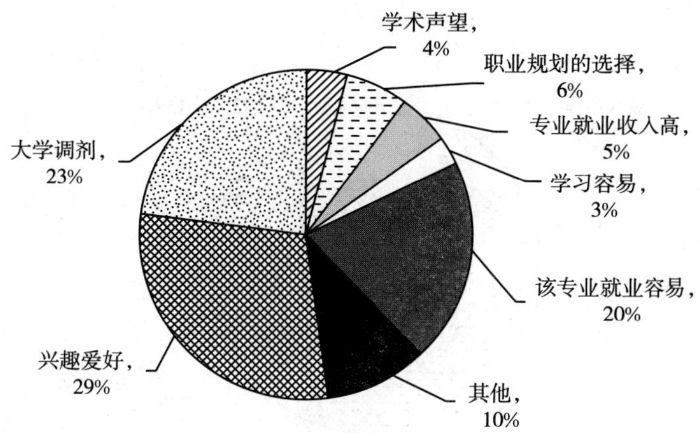

图 4－18　2009 届全国本科毕业生填报志愿理由分布

数据来源：麦可思—中国 2009 届大学毕业生求职与工作能力调查，http://www.mycos.com.cn。

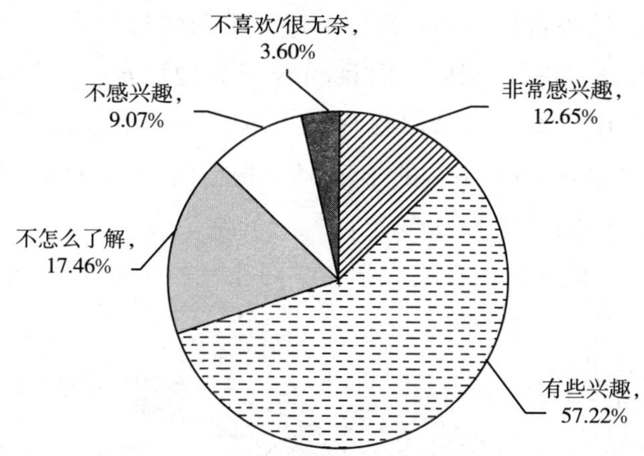

图 4－19　受访学生对所学专业态度评价

第三个问题是：您现在所感受到的大学生活和自己期望的大学生活差距大吗？调查结果如图 4－20。

感觉差距非常大的占 15.64％，有一定的差距占 67.59％，基本一样的占 11.73％，说不太清楚的占 5.04％。由此看出，学生在高中时间对大学的了解非常少，进入高校后需要适应和了解的内容还很多，这意味着对学生来讲需要拿出很多的时间和精力来认识大学、了解大学。

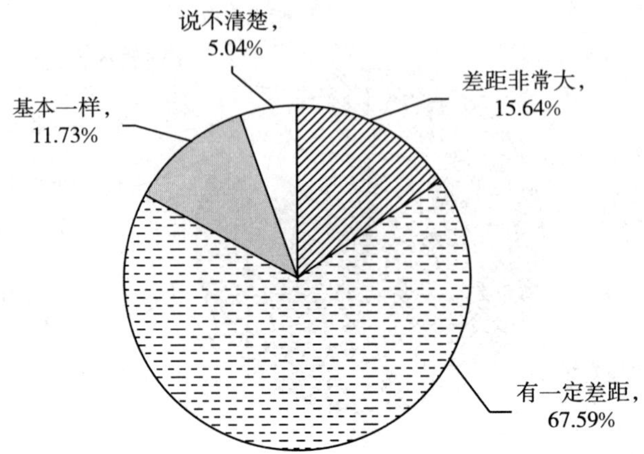

图 4-20　受访学生感受的大学生活和期望的大学生活之间差距情况

第四个问题是：您对大学生活有明确的目标吗？调查结果如下。

有一些当前的小目标占 60.69%，有很明确的目标占 26.58%，没什么目标的占 12.73%（图 4-21）。而且随着年级的增长，学生的目标相对清晰，大一的学生中没有生活学习目标的占本年级学生总数的 70%左右，大三、大四的学生中有 70%左右的学生有一些当前的小目标，其中有明确目标的学生中，大四的学生约占 52%，大三的学生占 37%左右，大二的学生仅占 7%左右。由此可见，在校大学生学习生活目标缺失是比较普遍的，值得关注。

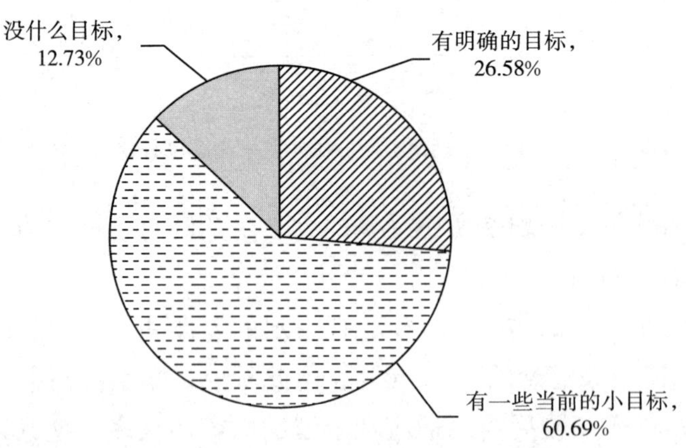

图 4-21　受访学生对大学生活是否有明确目标

问卷的第二部分想了解在校大学生在进入高校前后对职业生涯规划教育认知的基本情况，共设计了4个小问题。通过问卷了解，学生在高中阶段有近70%以上的学生没有接触过职业生涯规划教育，仅有11.25%的学生专门了解过这方面的内容，有18.63%的学生了解过一些相关内容。进入高校后，通过接受职业生涯规划教育，有27.86%的学生认为从中受到很大的帮助，有53%的学生认为受到了一些帮助，仍有19.14%的学生认为职业生涯规划教育没什么作用，今后的发展完全靠自己的努力。如图4-22所示。

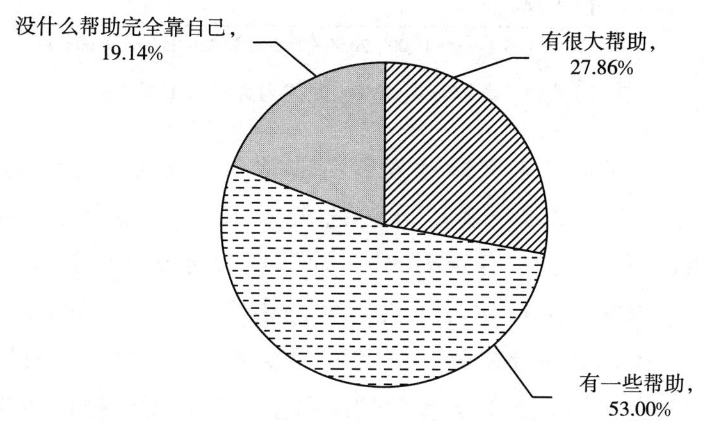

图4-22 受访学生对职业生涯规划教育作用的认识

在校大学生职业生涯规划方面的知识主要来源于校内的课程学习，占整个学习资源的51.90%，还有的是通过自己的课外阅读、学校专业咨询机构的指导，学长的介绍，以及个人在网络上获取的学习资源。学生所在高校开展职业生涯规划教育的主要途径是开设选修课和必修课，还有专题讲座、专业咨询服务、网络测评、职业生涯规划大赛、团体辅导等，其教育的形式还是比较丰富的（图4-23）。当然，课程教育依然占据绝对的优势，其他的教育形式都是作为课程教学的补充。

第三部分是在校大学生对职业生涯规划教育中的自我认知、环境认知以及今后个人的职业发展方面有怎样的考虑和准备，即高校大学生自我探索的程度。在自我认知方面，有65.74%的学生对自己的性格、气质、兴趣、能力、价值观、优劣势和职业倾向简单做过了解，对自己所学专业做过全面系统分析的学生占7.54%，简单分析过的占59.13%，没有分析过

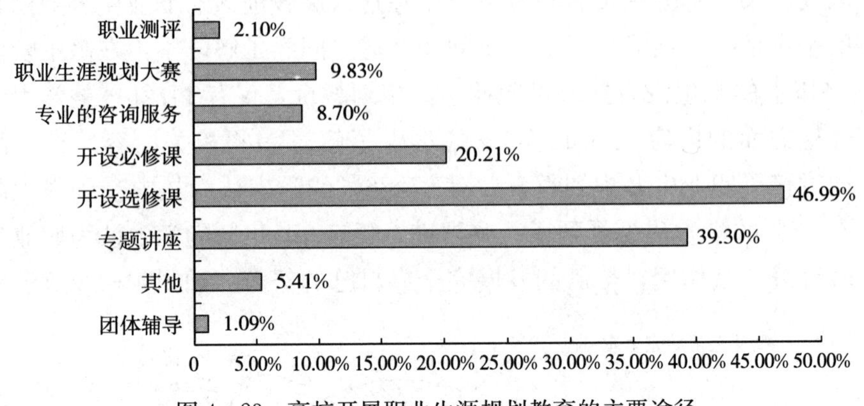

图 4-23　高校开展职业生涯规划教育的主要途径

的占 33.33%。对自己未来职业发展持非常乐观态度的学生占 16.76%，比较乐观的占 53.52%，顺其自然的占 27.56%，比较悲观失望的占 2.16%。由此可以看出，仅有约 60%的学生对自己和所学专业做过简单了解，对自己未来发展持比较乐观态度的占 70%左右，可以看出大部分学生的学习、生活状态比较好，或者可以理解为对今后职业发展的心态比较乐观。同时也可以理解为大多数的学生生涯成熟度还是比较欠缺的，没有充分意识到未来职业发展的严峻形势。相关图示如图 4-24、图 4-25 和图 4-26。

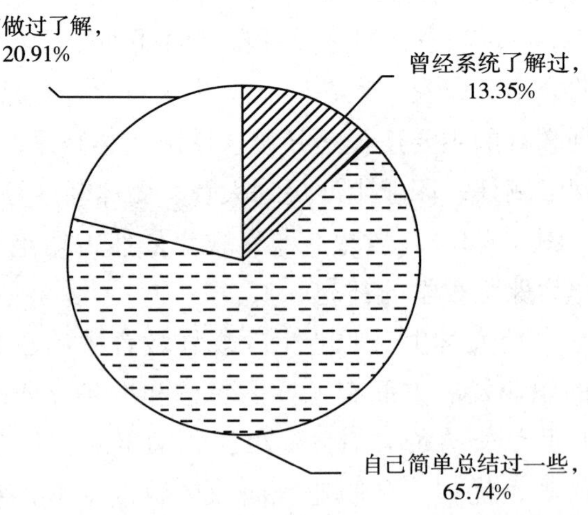

图 4-24　在校大学生的自我认知情况

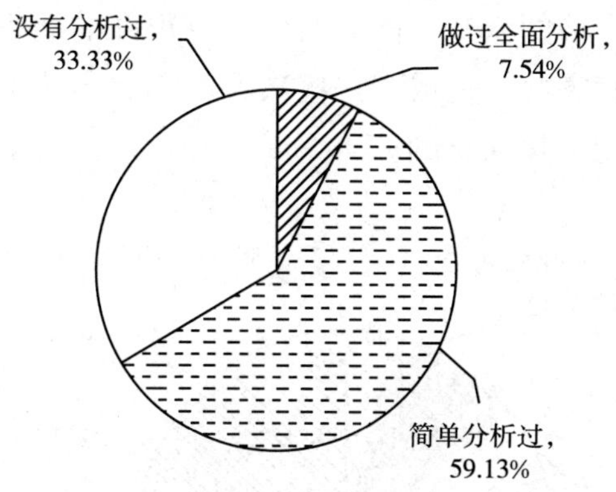

图 4-25 在校大学生对自己所学专业的了解情况

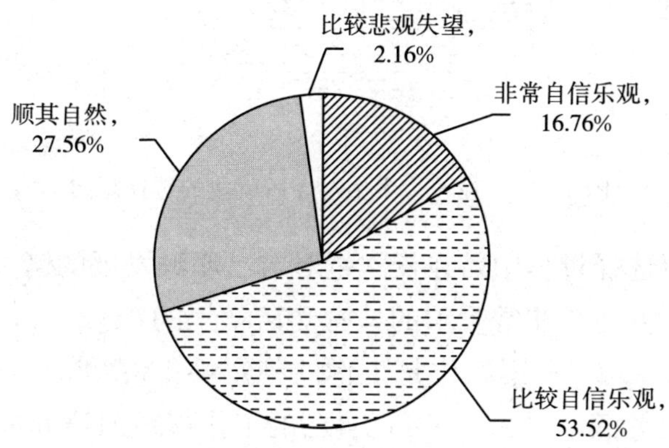

图 4-26 在校大学生对自己未来职业发展的心理准备

面对今后就业，有 42.13%的学生准备考研，有 30.45%的学生准备找与专业对口的工作，有 6.09%的学生想考公务员，想出国深造的学生占 7.1%，自主创业的学生占 6.59%，参加志愿服务的学生占 2.53%，参军入伍的学生占 1.52%（图 4-27）。数据反映出准备考研的学生比例较高，这与现实情况比较一致。鉴于就业形势压力巨大，很多学生想通过考研来暂时缓解就业的压力，同时也希望通过学历的提升今后能获得更多的机会和资源。考公务员的学生比例较低，占 6.09%，感觉与现实的差别比较大。根据多年的经验来看，在众多的考研大军中，有相当一部分是裸考生，即只是报个名，实际没有参加考试，而这些裸考生在后面又参加了很多的公务员考试，提高了实际报考公务员的比例。这也说明学生在进行职业决策过程中，因为缺乏对自我和环境的认知，同时对自己有很高的期望，再就业环节高不成低不就的现象比较突出，造成了一些决策的困惑，这也恰恰说明学生职业生涯规划的意识和能力是缺乏的。

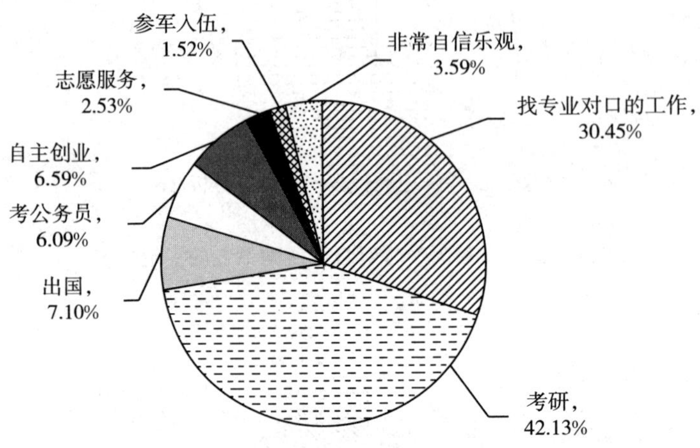

图 4－27　在校大学生对今后就业的选择意向

在今后求职选择过程中，在校学生对自己职涯发展的诸多要素中，首先对薪酬待遇的高低还是非常看重的，占受访学生的 45.35%；其次是个人发展的空间，占 39.99%；第三位是工作的稳定性，占 28.41%；第四位是工作地点和环境的考虑，占 27.96%；自己的工作兴趣列第五位，占 20.21%；第六位是考虑专业是否对口，占 15.84%；其他要素占 6.3%。如图 4－28 所示。

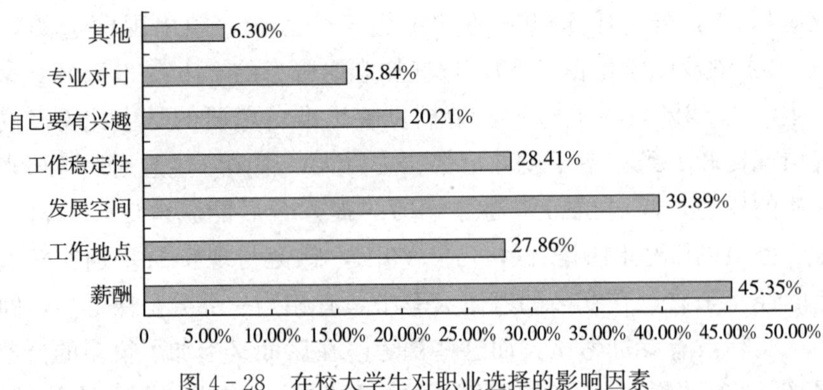

图 4－28　在校大学生对职业选择的影响因素

从数据可以看出，在校大学生对未来职业发展的期望是美好的，但就业环境的复杂多变和激烈竞争，对于在校大学生来讲，没有经历就没有真正的体验。当遇到实际困难时，有 45.9%的学生会向老师和师长求助，向学校专业咨询机构咨询的学生占 16.7%，向家人求助的学生占 15.3%，自己解决的占 22.1%。可以看出，学校的老师、高年级学生和学校专业的咨询机构是帮助学生就业的主要渠道（图 4－29）。

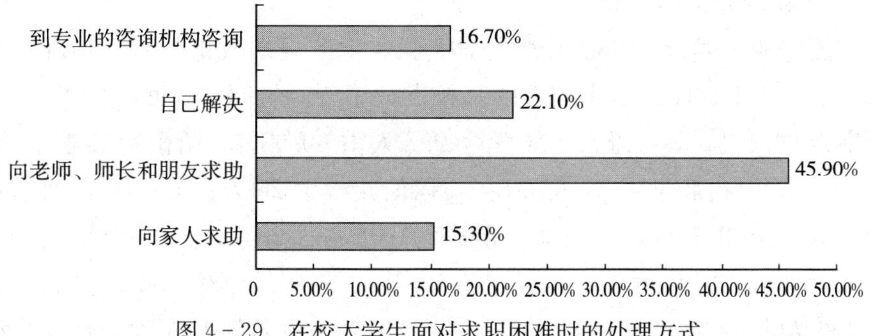

图 4－29 在校大学生面对求职困难时的处理方式

第四部分是对学校职业生涯规划教育的建议。学生认为需要在自我认知、专业及行业认知、就业政策宣讲、职场礼仪、求职面试技巧等方面加强对学生的教育和引导。如图 4－30 所示。

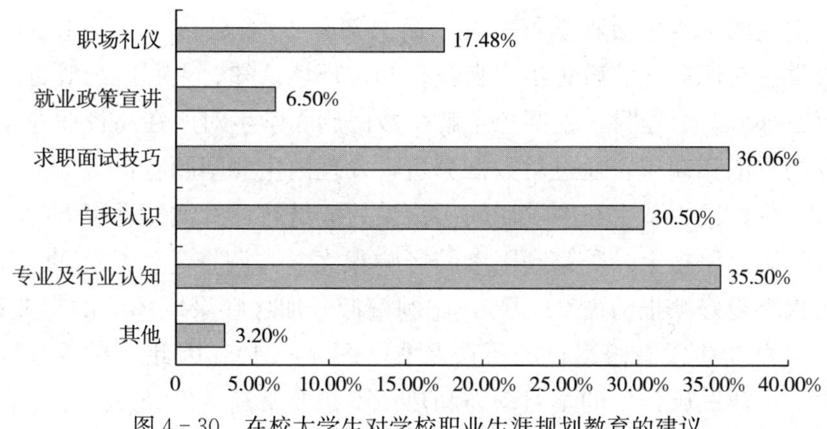

图 4－30 在校大学生对学校职业生涯规划教育的建议

对于当前各高校大力开展创业教育的做法，有 32%的学生认为可以尝试，有 29.7%的学生认为条件不具备，有 38.3%的学生认为具备相应的条件。我们认为，当前高校不具备创业教育的条件，首先是缺少具有创业实战经验的教师；其次是缺少创业教育的政策和环境；第三是学生缺少实践、实习的经验，应试教育的惯性使得大学教育重理论轻实践的现象还非常普遍；第四是学生的创业意识还不具备，这种超常规的教育发展方式值得商榷。

（五）各高校在校少数民族大学生调查情况

1. 问卷调查的基本情况

为更好地了解新疆少数民族大学生职业生涯规划教育的基本情况，课题组选择了5所少数民族学生较多的高校发放了500份问卷，回收问卷487份，回收率为97.4%。其中维吾尔族学生297人占60.98%，哈萨克族学生99人占20.32%，蒙古族学生39人占8%，锡伯族学生26人占5.33%，柯尔克孜族学生10人占2.05%，乌孜别克族学生16人占3.28%；其中一年级学生147人占30.18%；二年级学生154人占31.62%；三年级学生186人占38.19%；男生156人占32.03%，女生331人占67.97%；主要涉及农学、临床、汉语言、广电、农水五个专业，现就问卷所涉及的问题汇总如下。

2. 问卷分析

此项问卷共涉及23个问题，主要从3个方面来了解少数民族大学生对职业生涯规划教育的认识情况。第一部分6个题目，主要是想了解当前少数民族大学生的基本生活和学习状况；第二部分10个题目，主要想了解少数民族大学生对职业生涯教育当中自我认知、环境认知、人职匹配等方面的认识；第三部分7个题目，主要想了解少数民族大学生对所在高校职业生涯规划教育的看法和期望。通过对数据分析，发现的主要问题有：

（1）少数民族学生在中学期间所接受的应试教育的惯性是很大的，而且在高考的志愿填报上，受家庭因素的影响很大，占调查学生总数的42.6%；凭个人兴趣爱好填报的占22.9%，比例偏低，加之在录取环节的专业调整，有15.4%的学生没有修读自己所选专业（图4-31）。因此，在后续的专业学习中，少数民族学生的学习动力和热情不是非常高，但经过一年左右的适应和了解，71.3%的少数民族学生对所学专业有了了解，说明少数民族学生的适应性还是比较好的。如果后期的教育和引导工作能持续推进，少数民族学生的专业认同感会不断加强（图4-32）。

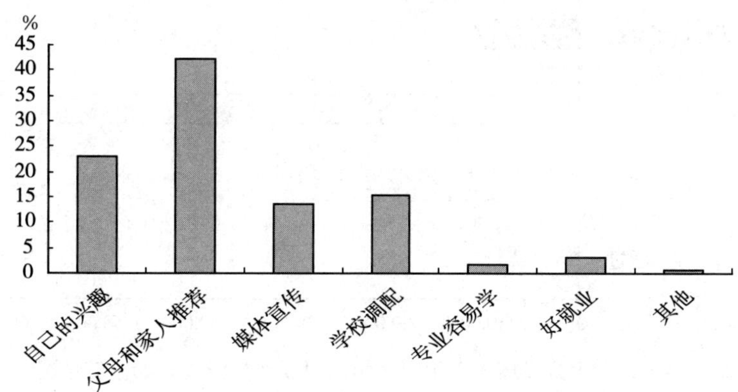

图 4-31　少数民族学生所学专业选报情况

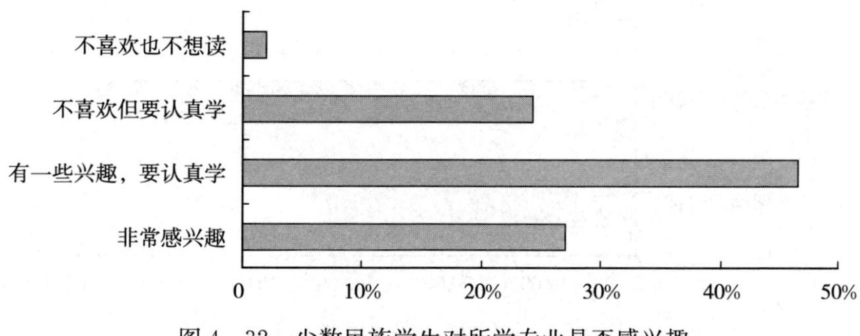

图 4-32　少数民族学生对所学专业是否感兴趣

(2) 对于职业生涯规划教育的内容，少数民族学生在上大学之前了解的非常少，专门了解过的学生仅占 8.2%，只是听说过或从没听说过的学生占到 64.4%（图 4-33）。进入大学后，课堂教学是学生获得职业生涯规划知识的主要途径，对学校所开展的职业生涯规划教育，认为有很大帮助的学生占 28.2%，有一些帮助的占 61.4%。由此可见，高校开展职业生涯规划教育对少数民族学生来讲是有积极作用的。面对今后的学习，少数民族学生有一定的紧迫感，近 70%的学生有近期的一些小目标和计划，对职业生涯规划教育的作用表示肯定（图 4-34）。

(3) 面对职业生涯规划教育这个全新的内容，少数民族学生对自我的了解还需加强，有 16.3%的学生对自我从未进行探索，21.8%的学生对自己的优点、缺点及职业倾向处于模糊不清的状况，仅有 19.3%的学生对自己

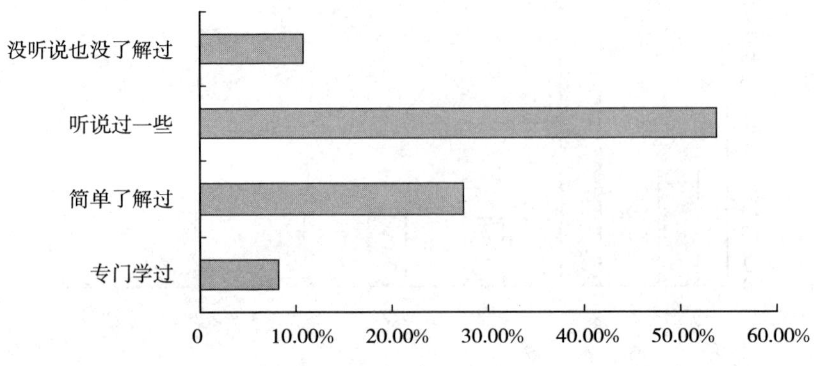

图 4-33　少数民族大学生上大学前对职业生涯规划的了解情况

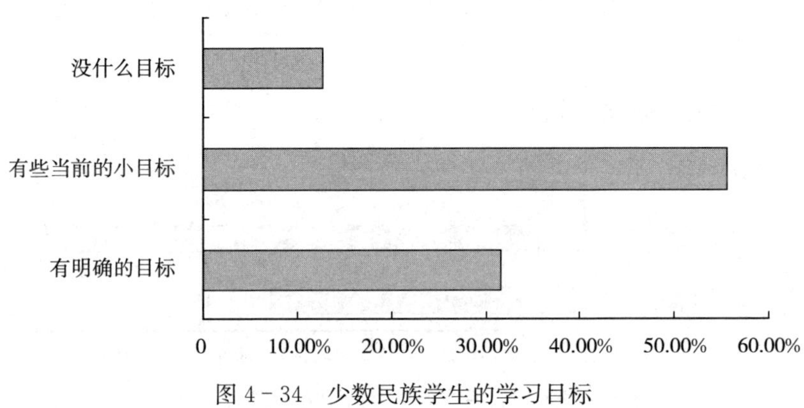

图 4-34　少数民族学生的学习目标

的优缺点进行过分析。可见少数民族学生主动探索自我的意识相对欠缺。对于职业生涯规划教育的具体形式，有 26%少数民族学生更喜欢通过真实的体验和实践来进一步了解职业生涯规划，24%的学生希望参加有关的模拟训练，对于课堂讲授和专题讲座的形式学生的兴趣不是很浓，各占 11%左右。由此看出，少数民族学生更希望通过真实的实践环节来强化自己的生涯意识。

（4）面对就业，少数民族学生最关注的要素排在前三位的分别是，自我价值的实现占 22%，工作的稳定性 20%，工作地点的远近占 20%。第四位是薪酬待遇占 19%，第五位是专业对口占 7%，父母家人的意见占 6%，自己兴趣爱好占 6%（图 4-35）。由此分析，少数民族学生经过大学的教育引导，职业价值观日趋成熟，对家庭的依赖程度逐渐减少，内心渴望独立，渴

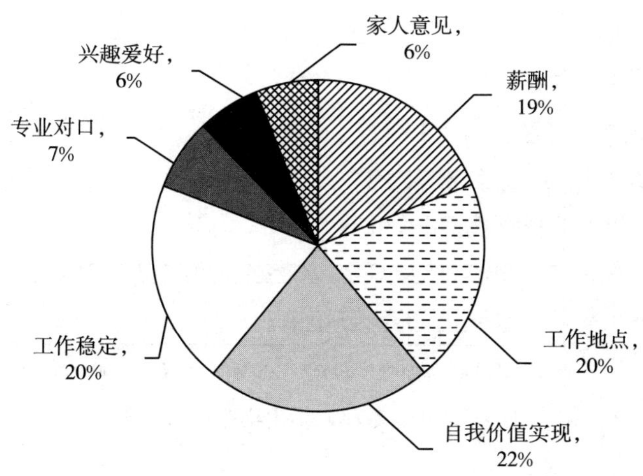

图 4-35 少数民族学生面对就业关注的因素

望自我价值的实现。近一半的少数民族学生对于工作地点的选择，都希望回到自己的家乡工作，可见少数民族学生的故乡情结很浓，这也和新疆特殊的民族分布和经济发展有一定的联系。对以何种方式进入社会排在前三位的选项依次是，考研占 74.7%，37.1%找专业对口的工作，24.5%的学生想考公务员。15.3%少数民族学生想出国，排第四位。12.3%的学生想自主创业，4.1%的学生想参军入伍，还有一些其他的就业意向占 1.6%（图 4-36）。考研学生的比例很高，这个结果出乎意料。这说明少数民族学生认识到高学历可以带来更多的机会，争取更多的资源，这种理念被越来越多的少数民族学生所认可，令人欣慰。在就业的选择上，找专业对口的岗位工作和考取公务员，分别占调查学生的 37.1%和 24.5%，说明少数民族学生就业的选择相对简单，只要工作稳定，离家近，各个方面的生活保障到位就可以接受。这对指导少数民族学生就业具有一定的指导意义。

在未来的求职就业环节，少数民族学生需要在自我认知、专业行业分析、求职技巧等三个方面需要加强指导，分别占调查学生的 32.1%、41.1%、33.7%。这也是今后高校对少数民族学生开展就业指导的主要内容（图 4-37）。从用人单位选人用人的角度考虑，少数民族学生认为学历、专业技能、实践经验和个人品质是用人单位最为关注的内容，分别占调查学生总数的 53.9%、45.1%、37.1%、37.6%。面对今后的就业，有 55%的少

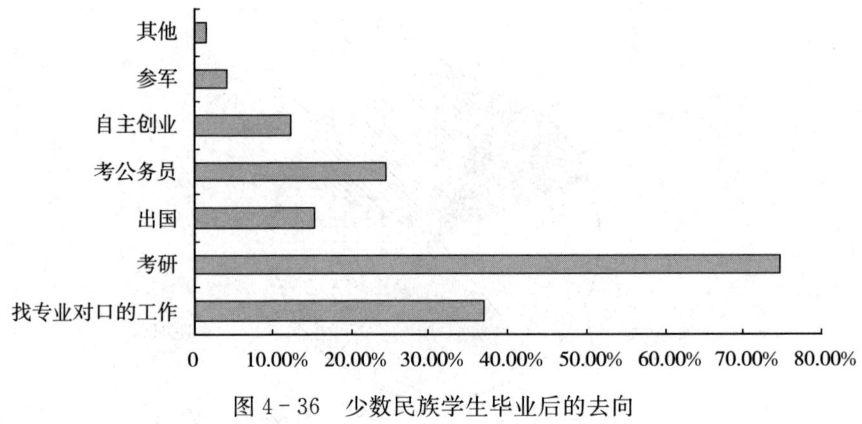

图 4-36　少数民族学生毕业后的去向

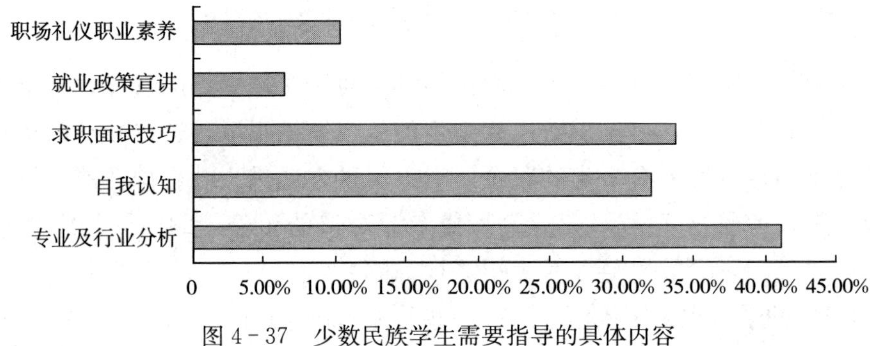

图 4-37　少数民族学生需要指导的具体内容

数民族学生对未来是比较乐观自信的，非常自信的占 17%左右，顺其自然的占 23%，比较悲观失望的占 4.5%（图 4-38）。由此可以看出，少数民族学生面对就业的心理状态总体是比较好的，需要关注的重点是帮助那些顺其自然的学生更加明确自己的发展方向，并给予更多的指导，尤其是要关注心理上悲观失望的少数民族学生，把这两部分的学生引导好，对提高少数民族学生就业有很大帮助。

当然，少数民族学生在就业过程中也有很多的困难，根据接受调查的学生统计，就业中的困难依次是：当前社会对少数民族学生的整体需求比较少，占调查少数民族学生的 37%，排在第二位的是不同民族在思想认识和价值观的差异，占调查少数民族学生的 26%，第三位是不同民族在风俗习惯和文化上的差异，占调查少数民族学生的 25%（图 4-39）。由此可以看

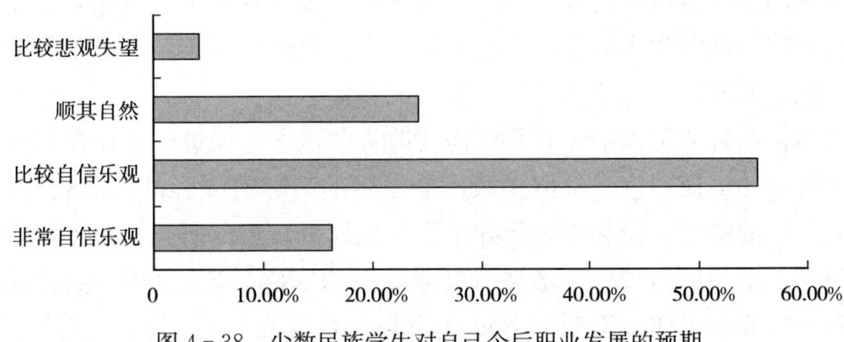

图 4-38　少数民族学生对自己今后职业发展的预期

出，在新疆少数民族学生就业客观上缺少以文化、思想和价值观认同的软环境。这也造成了少数民族学生就业一般都会选择自己熟悉了解的家乡，而不是非常愿意留在经济相对发达，但人文环境比较陌生的大城市，这种现象值得我们重视和关注。

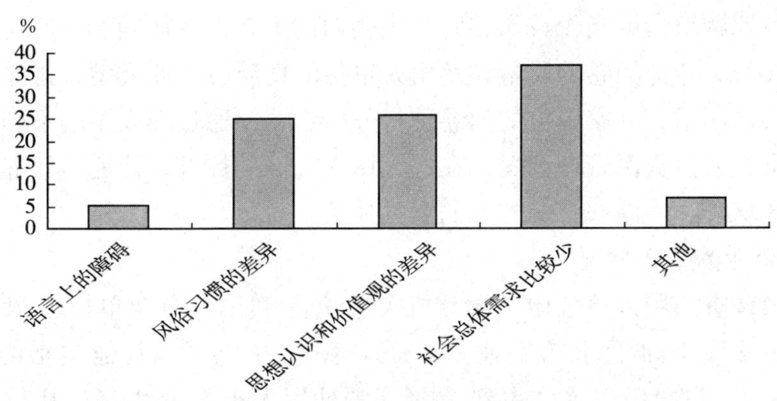

图 4-39　少数民族学生就业的困难

（5）面对当前高校所开展的职业生涯教育和就业指导工作，有 49％的少数民族学生认为有很大的作用，有 30.1％的学生认为有一些作用，7.4％的学生认为有决定性的作用，可见高校所开展的教育工作是卓有成效的。对于当前高校所开展的《大学生职业生涯规划与就业指导》课程，少数民族学生认为，课程内容比较宽泛，没有针对少数民族学生的实际需求和困难有针对性地开展教育引导，对课程的兴趣和关注度不是很高，有 57％的少数民族学生希望增加针对少数民族学生特殊需求的教育内容，可以适当地在学科分类的基础上增强教育的针对性。63.4%的少数民族学生希望建立专业的职业咨询机构，结合学生的发展和需求开展个性化职业咨询，这也是各个高校今后开展生涯教育和职业指导需要努力的方向。

当然，在具体工作中还有很多需要改进的地方，如进一步加强对少数民族学生就业的重视程度，根据少数民族学生的实际情况尝试新的教育内容，把民族学生的就业工作和生涯指导工作单独划分，重点研究，积极开展职业生涯测评、求职技巧指导、增强对就业政策的宣传，尝试开展高端的实习、实践和考察调研工作，不断完善就业指导和生涯教育的层次，满足不同专业、不同需求、不同民族学生的发展需求。

（六）各类企业及用人单位调查情况

1. 问卷的基本情况

为更好地了解用人单位对当前大学生综合能力的评价及对高校人才培养的建议，课题组借助高校校园招聘的机会向用人单位发放问卷350份，回收问卷272份，结合问卷的质量和及用人单位的性质、行业类型，排除重复的单位，共选用了199家单位的问卷进行分析。希望通过问卷了解不同单位的人才需求、人力资源管理情况；在选人用人方面的标准、待遇、培养以及对高校人才培养、生涯教育等方面的意见建议。

2. 企业的基本情况

参与调查的用人单位中，党政机关单位占11%，事业单位占19%，国有企业占22%，非公上市企业占13%，民企占36%，其他类别的占7%（图4-40），疆内用人单位占到74%，疆外用人单位占26%。从行业类别看，工程规划设计类占12%，道路桥梁类占6%，文化教育类占12%，医药卫生类占12%，机械电气类占15%，网络通信类8%，软件开发类占12%，金融管理类占9%，生物化工类6%，农林园艺类占8%。企业规模、单位员工数量在100人以下的占29%，100～200人的占28%，200～300人的占3%，300～500人的占5%，500人以上的占35%（图4-41）。

（1）根据问卷了解，各类用人单位最近三年对人才需求的情况是，有44%的单位用人需求在逐年增长，主要是一些与国家投资建设的大型工程、基础设施建设、网络信息技术相关国企、央企和民营企业。对工程规划设

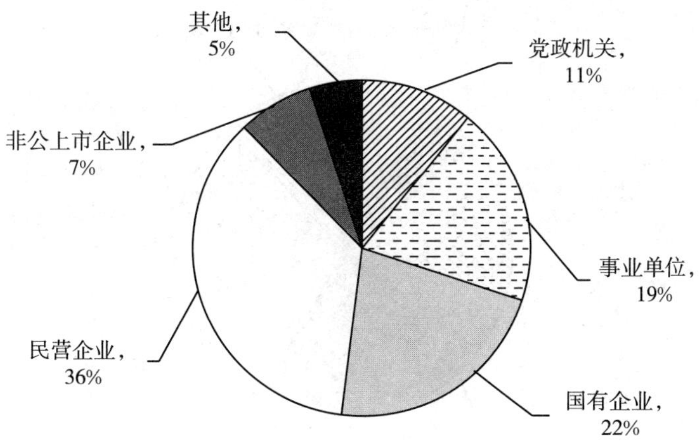

图 4－40　用人单位的性质

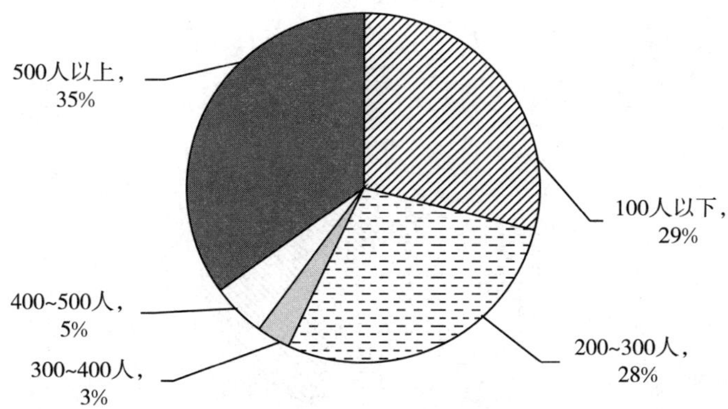

图 4－41　用人单位员工数量

计、道路桥梁、水利、电力、软件、信息类的人才需求旺盛（图 4－42）。还有部分政府部门、事业单位、学校、维稳机关对幼儿教师、双语教师、协警公安的需求很大。有 39%的用人单位人才需求保持平稳，但每年也会拿出一定的比例选聘一些综合素质较高的毕业生充实到新员工队伍中。这类单位一般都是有一定规模，经济实力相对较好的企、事业单位。如医药卫生、银行、金融、化工等。有 17%的用人单位人才需求有所下降，主要涉及房地产、文史、生化等行业领域。一些南疆的国有企业、事业单位、学校和党政机关处在人才紧缺的状态中（图 4－43）。

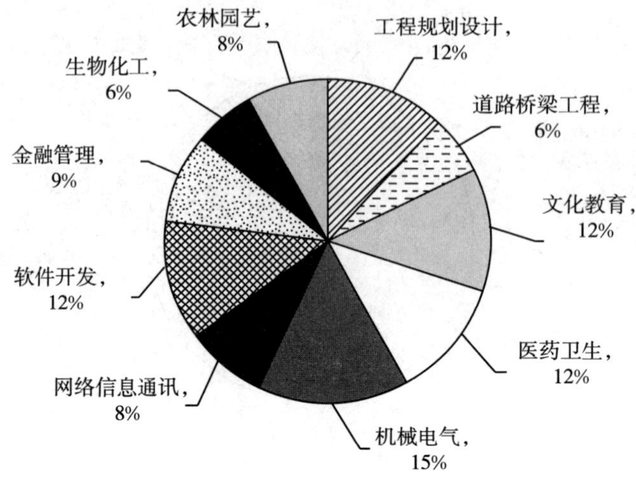

图 4-42　用人单位的行业类别

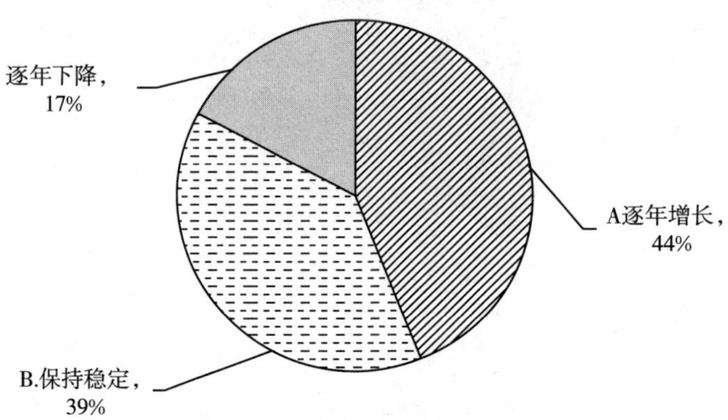

图 4-43　用人单位近三年人才需求

（2）在接受调查的用人单位中，对于新录用的员工，月薪在 2 000～2 500 元的占 33%左右，2 500～3 000 元的占 27%左右，3 000～3 500 元的占 13%，3 500～4 000 元的占 7%左右，4 000～4 500 元的占 1%，4 500～5 000 元的占 2%，5 000 元以上的占 2%（图 4-44）。由此可以看出，大多数用人单位对于新录用的大学毕业生，月薪多在 2 000～3 000 元不等。当然，随着经济的发展，部分有实力的单位给出的月薪也在提升。由于单位的性质、规模、地域和所属的行业的不同，一些单位提供必要的食宿，减少了很多必要的支出，这对刚毕业的学生来讲更有吸引力。还有的单位虽开出了较高的月薪，但除去食宿、保险，到手薪资一般在 3 000 元左右。

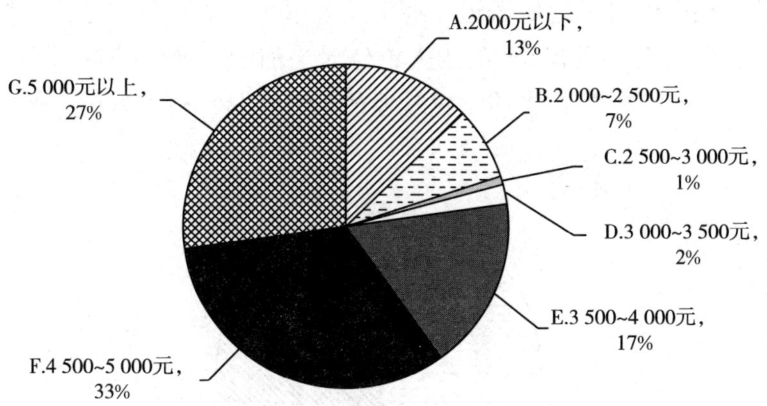

图 4－44　用人单位针对应届生的起薪标准

（3）在被问及用人单位的人力资源管理部门的主要职能及工作重心时，有 8％的用人单位人资部门主要是组织发展和规划工作；有 64％的用人单位主要是进行人员的招聘、绩效考核及培训工作；有 6％的用人单位是除了招聘和人事管理之外，还参与单位的一些管理工作；有 12％的用人单位在着眼未来的人才培养和规划工作（图 4－45）。由此可以看出，接受调查的用人单位在人力资源管理工作中其重心主要是对员工的招聘、培训和考核，对新员工的职业发展通道的设计比较关注，但站在单位整体发展的全局来规划和培养人才的理念和行动显得比较欠缺。

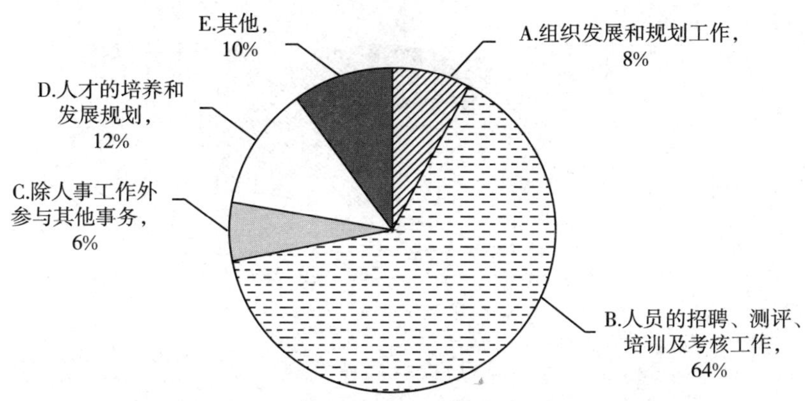

图 4－45　用人单位人力资源部门的工作内容

（4）在被问及对当前大学生整体的就业形势时，52%的用人单位表示就业形势严峻，40%的用人单位表示整体就业形势平稳，但结构性的就业矛盾突出，尤其在南疆一些地域偏远、经济发展水平相对落后的地方，结构性的就业矛盾比较突出。还有8%的用人单位对当前的就业形势持乐观态度。从整体的评价可以反映出，当前学生就业的形势还是比较严峻的（图4-46）。

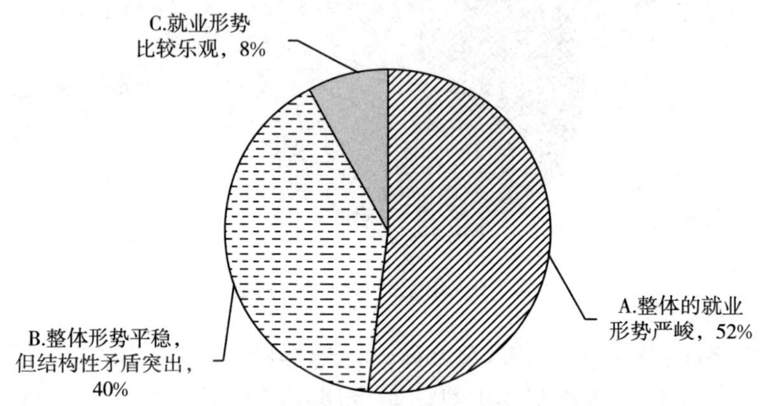

图4-46　用人单位对当前大学生就业形势的判断

（5）在被问及应届毕业生在单位独立开展工作需要培养的时间时，22%的单位认为需要半年的时间，37%的单位认为需要用一年的时间，10%的单位认为需要一年半时间，19%的单位认为需要在两年时间，7%的单位认为需要在三年以内，还有5%的单位认为需要在三年以上（图4-47）。

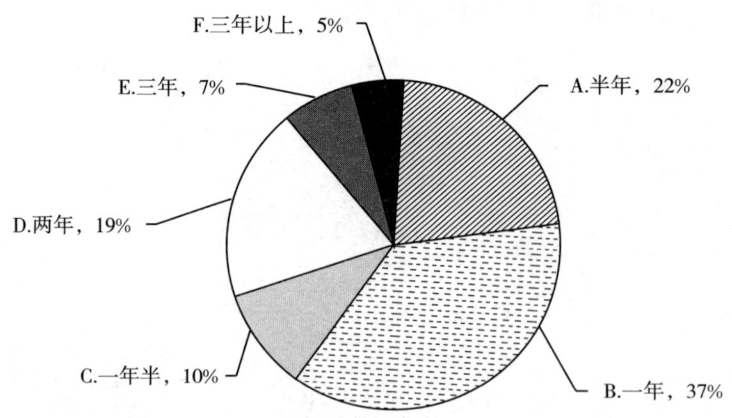

图4-47　用人单位培养应届生独立开展工作的时间

3. 用人单位对毕业生及学校工作的评价和期望

（1）在被问及学生在求职时最关注的因素有哪些时，81.41%的学生关注薪资待遇，45.72%的学生关注就业环境，39.19%的学生关注职业发展空间，37.68%的学生关注专业是否对口，35.67 的学生关注工作的所在城市，31.16%的学生关注单位性质，10%的学生关注各类保险保障、继续学习深造，5%的学生关注食宿、组织文化等内容（图 4－48）。

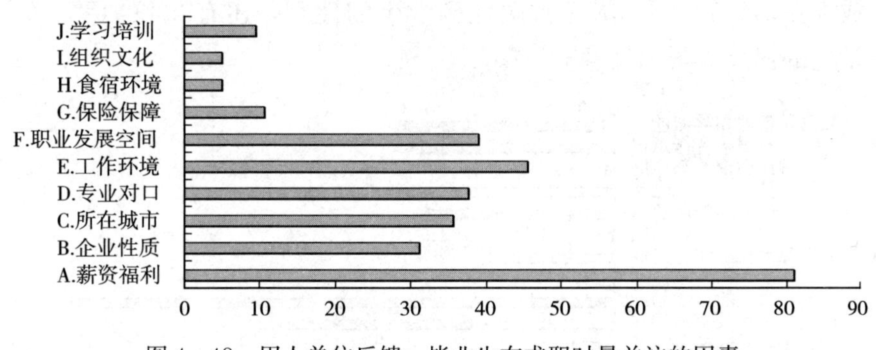

图 4－48　用人单位反馈：毕业生在求职时最关注的因素

（2）在被问及当前毕业生在求职时反映出的突出问题时，71.35%的用人单位认为学生盲目追求高薪，54.77%的用人单位认为学生的专业知识和实践能力欠佳，49.24%的用人单位认为学生在工作中害怕吃苦，45.22%的用人单位认为学生的职业选择目标不清晰，39.69%的用人单位认为学生对行业发展的认知不足，23.11%的用人单位认为学生缺少系统的职业规划教育引导（图 4－49）。

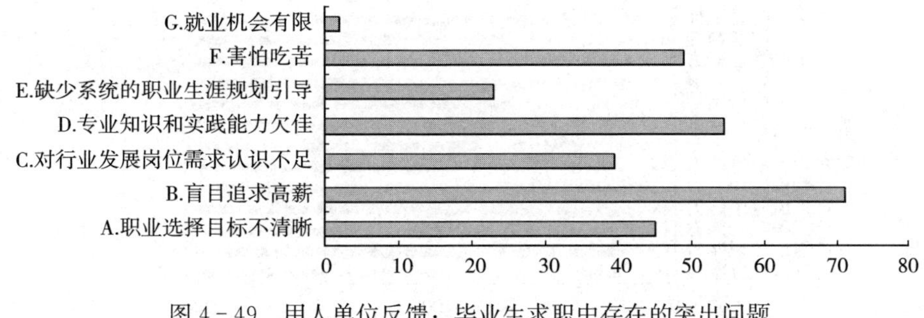

图 4－49　用人单位反馈：毕业生求职中存在的突出问题

（3）在被问及用人单位选录毕业生时，最关注的因素有哪些时，

73.37%的用人单位认为是学生的个人道德品质，61.3%的用人单位关注学生的专业知识和技能，45.25%的用人单位关注到学生踏实、勤奋能吃苦的品质，43.21%的用人单位关注到学生的社会工作及实践经历，28.14%的用人单位关注到学生的自我管理和学习能力，27.64%的用人单位关注到学生的团队合作精神，27.14%的用人单位关注到学生的人际沟通能力，17.09%的用人单位关注到学生的生源地及工作稳定性，5.5%的用人单位关注到学生的成绩排名，4%的用人单位关注到学生的性别，还有2%的用人单位关注到学生的民族差异（图4-50）。

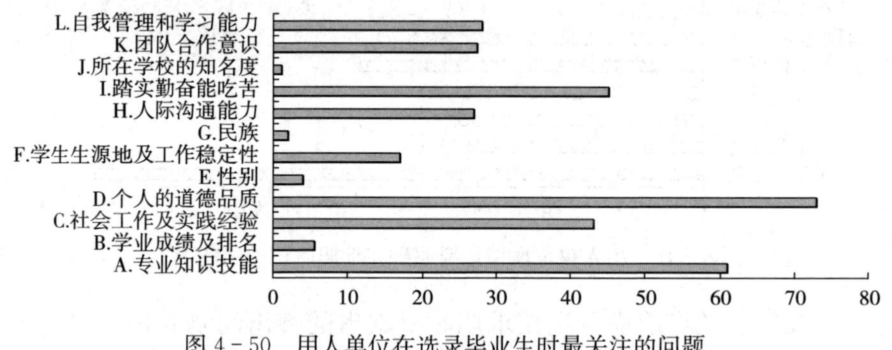

图4-50　用人单位在选录毕业生时最关注的问题

（4）在被问及对已选录毕业生的满意度时，用人单位对毕业生在敬业精神、组织管理能力、工作责任心、计算机应用能力、专业理论知识能力、综合素质等方面表示满意、基本满意的占到95%。但在外语能力、工程实践能力、工作稳定性方面，用人单位表示不满意（图4-51）。

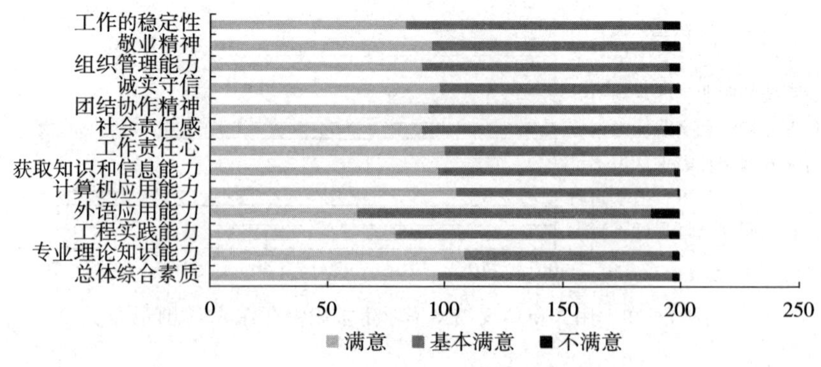

图4-51　用人单位对毕业生的满意度

（5）在被问及对学校开展职业生涯规划教育的必要性时，61％的用人单位表示非常有必要，37％的用人单位表示有必要，仅有1％的用人单位表示没有必要和无所谓（图4－52）。在被问及高校的人才培养与社会需求的匹配度时，21％的用人单位表示对接的非常紧密，38％的用人单位表示对接的比较紧密，37％的用人单位表示对接的不太紧密，还有4％的用人单位认为对接的很不紧密（图4－53）。

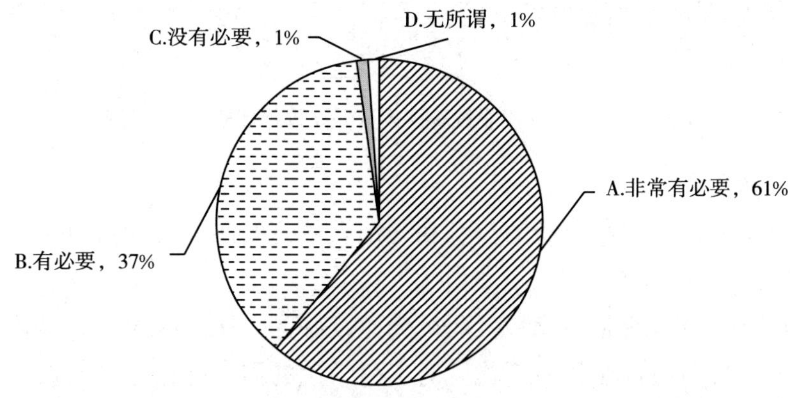

图4－52　用人单位对学校开展职业生涯规划教育的认识

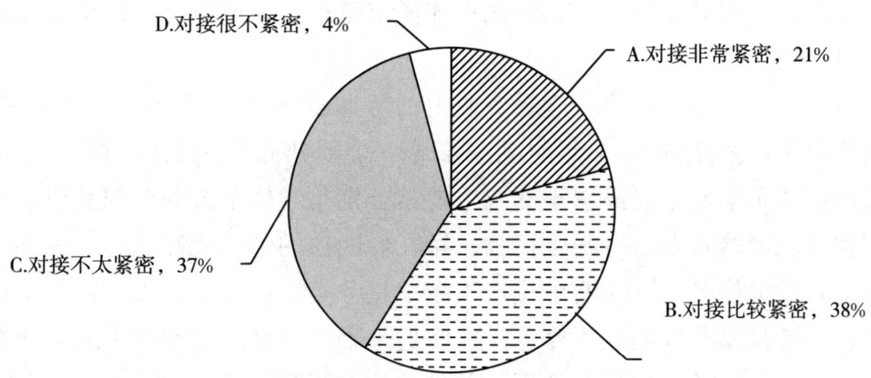

图4－53　用人单位对高校人才培养与社会需求匹配度的认识

（6）在被问及是否能安排相关人员到高校担任生涯导师开展生涯指导工作时，26％的用人单位表示完全可以，63％的用人单位表示要根据实际情况考虑，11％的用人单位表示人员紧张，很难落实（图4－54）。

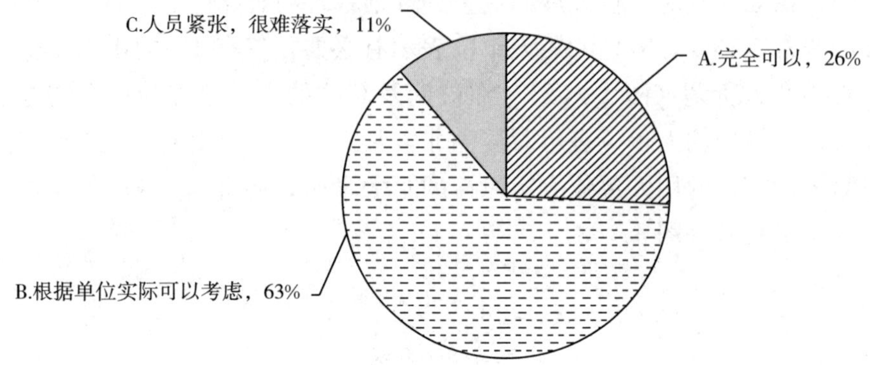

图 4－54　用人单位能否安排人员到高校担任职业生涯导师

4. 问卷分析

通过用人单位问卷反馈的信息和与用人单位的座谈我们可以了解到以下一些情况。

（1）新疆当前就业环境和就业机会比较好，一些国有大中型企业因为国家资金投入很多项目在新疆开建，对工科学生的需求旺盛。同时偏远地区对教师、医生、公安等需求在增加，这与新疆当前的社会经济发展密切相关。但在部分区域人才流向和区域经济发展的需求是存在结构性矛盾的，一些艰苦行业、经济相对落后的南疆地区人才需求量很大，但愿意去那里工作的学生相对有限。

（2）60%的用人单位给应届毕业生的待遇薪酬在 2 500～3 000 元左右，不同的单位需要花费 1～2 年时间来培养一个能独立开展工作的学生。作为用人单位选录毕业生时最看重的三个要素分别是学生个人的道德品质，专业知识和技能，踏实勤奋有吃苦精神。排在后四项的是学校知名度、民族、性别和个人成绩排名。这说明单位选人越来越务实。英雄不论出处，不论成绩排名，关键是要有好的品质修养、扎实的基础、良好的实践动手能力和勤奋踏实不怕苦的精神，这是大多用人单位关注的要素。

（3）在人力资源管理工作中，有 64%的用人单位主要是进行人员的招聘、绩效考核及培训工作；只有 12%的用人单位工作的重心在人才培养和规划工作。用人单位对学校开展职业生涯规划教育非常赞同，希望毕业生能具备良好的能力素养和自我管理、自我成长的能力，但给学生专业的职业生涯发展指导相对比较欠缺。

（4）在专业教育和实践教育环节，用人单位认为学校还有一些差距，部分学生的实践经验少，外语能力相对较弱，不能很好地适应用人单位的需求，在毕业生的满意度上已经有所表现。

（5）从用人单位的视角来看现在的毕业生，可以看出当前大学生就业存在困难，主要还是对学生缺少教育引导，对行业认知不足，对自己的职业目标不清晰，盲目追求高薪、害怕吃苦，实践动手能力相对较弱等，认识上的偏差和实践能力的不足是就业困难的主要原因。这在一定程度上反映出学校的人才培养、教学实践环节还存在问题，也反映出高校在学生的职业生涯规划教育方面还有很多不足。校企之间的合作空间很大，意愿也很强烈，但都深陷于自己的工作中，平时的交流沟通很有限，需要一个更便捷的方式来加速校企之间的合作交流。

当然，有些问题的存在不仅仅是几所高校和用人单位所能代表的，我国的就业环境和高等教育工作都不同程度地存在这些问题。学生眼高手低的现象突出、有业不就和无业可就的矛盾仍然存在，学生职业生涯规划教育亟须加强，校企之间的合作交流需要不断增强，政府和高校、用人单位的联系也需要加强，这些问题需要国家给予关注，更需要我们自己主动应对。

第五章　石河子大学在校学生生涯成熟度调查及分析

一、问卷编制及修改

（一）项目的收集

首先，通过文献分析和专家访谈，参照相关已有的生涯成熟度问卷，编制出一份半开放式问卷，并在一定范围内进行问卷调查和学生访谈。然后，对调查和访谈结果进行分析整理，删除了明显不属于生涯成熟的内容条目，合并了意义相近的条目，经过分析和讨论后，编制了生涯成熟度的初始问卷共计 41 个题目，随后进行初步试测。初始数据产生后，请心理学专业的研究生和教授对问卷试测结果进行了信度效度检验，对一些不易理解或有歧义的句子进行修订删除，合并了一些意义相近或重复的条目，同时把一些具有双重含义的项目分为了两个项目，并加入了验证性问题，最后形成 54 个题目的大学生生涯成熟度调查问卷。

（二）问卷的编排

问卷参照了有关学者的研究，同时也增加了自己的一些理解。针对生涯成熟度设置了生涯认知、生涯态度、生涯行动 3 个二阶因子。在每个二阶因子上又分别划分了 4 个因子，共 12 个一阶因子。本问卷采用了五点计分法。例如，①代表“完全不符合”，②代表“基本不符合”，③代表“不确定”，④代表“基本符合”，⑤代表“完全符合”。得分越高，则学生的生涯成熟度越高。

（三）问卷的初步施测

第一，问卷采用分层整群抽样的方式，选取石河子大学 6 个学院的学生作为被试者，发出问卷250份，回收问卷217份。

第二，采用SPSS21.0对数据结果进行分析，结果如下。

结果一：项目分析

通过项目分析删除了区分度低的项目。项目分析采用了CR临界比率、题目与总分的相关性等标准，删除了没有达到CR值的题目及相关性小于0.2的题目。根据以上分析，形成大学生生涯成熟度初测问卷。

结果二：探索性因子分析

为了进行探索性因子分析，首先对问卷进行Bartlett球形检验值并达到显著水平，生涯成熟度问卷的KMO值分别为0.952，适合做因素分析。在因子分析过程中，采用主成分分析法提取特征根大于1的因子，采用平均正交旋转的方法对因子载荷矩阵进行旋转，提取因子负荷大于0.3的项目，最后得到12个因子，共54道题，解释总方差的60.65%。根据各因素内项目的含义，对12个因子依次命名为自我认知、专业认知、课程认知、职业认知、学习态度、生活态度、人际态度、职业态度、适应调整、信息收集、能力提升12个维度，其中自我认知、专业认知、课程认知和职业认知属于生涯认知，学习态度、生活态度、人际态度、职业态度属于生涯态度，适应调整、信息收集、能力提升、目标筛选属于生涯行动。

对问卷进行内部一致性信度分析，结果显示生涯成熟度问卷的内部一致性信度为0.96，分半信度为0.89。各个因子的信度均达到了0.60以上。用此问卷进行正式施测。

（四）问卷的正式施测

1. 被试选取

正式调查采用方便抽样的方式，选取石河子大学共899名大学生作为被试，回收有效问卷865份，有效回收率为96.2%。

2. 生涯成熟度问卷的信效度分析

（1）信度分析。本研究采用内部一致性信度对问卷进行信度检验，本生涯成熟度问卷各维度Cronbach's α系数在0.60～0.81之间，总问卷的Cronbach's α系数为0.96，由此说明，本问卷具有良好的信度。

（2）效度分析。经过探索性因子分析，结果显示因子结构已经比较稳定。为了进一步验证模型的有效性，根据因素分析理论，各个因子之间应该具有中等程度的相关。如果题目或者维度之间相关太高，则说明因子之间有重合，有些因子并非必要；如果因子相关太低，则说明有的因子可能测试的是与所要测量的完全不同的内容。Tuker 曾提出，为给测验提供满意的信度和效度，项目的组间相关应在 0.10～0.60 之间（戴忠恒，1987）。此外，各个因子与总分之间的相关应高于相互之间的相关，以保证各个因子之间既有不同但测的又是同一心理特征。因此，为考查大学生生涯成熟度的结构效度，本研究对问卷做相关分析，求得各个因子与问卷总分之间的相关，以及各个因子之间的相关，进而比较二者之间的系数。

由表 5 - 1 可知，大学生生涯成熟度的二阶因子之间呈中等程度相关，一阶因子与所在二阶因子之间的相关性高于各因子之间的相关性，所有一阶因子与总问卷之间的相关性也普遍较高。这表明各因子之间既有一定的独立性，又反映了相应的归属性，可以同时测出同一个大学生生涯成熟度。所有一阶因子之间均达到中等程度的相关，且相关均达到显著或非常显著的水平。由此可以说明，模型的各个因子构成了一个有机联系的统一整体。因此，诸因子之间的相关矩阵可以说明该问卷具有良好的结构效度。

二、问卷的维度和内容

（一）问卷维度

问卷共设置了 3 个维度即生涯认知、生涯态度和生涯行动作为一阶因子。每个一阶因子又分解出 4 个二阶因子，其中生涯认知维度下设了自我认知、专业认知、课程认知和职业认知 4 个二阶因子；生涯态度维度下设了学习态度、生活态度、人际态度和职业态度 4 个二阶因子；生涯行动维度下设了适应调整、信息收集、能力提升、目标筛选 4 个二阶因子，共 12 个二阶因子，54 个问题。具体见表 5 - 2。

问卷数据的采集通过问卷星的手机端进行在线答题，学生首先要填写 12 道人口学资料的相关问题，填写完毕后需完成 54 道题的在线答题。如有题目未按要求填写，则不能顺利提交，直至全部按要求填写完整，确保数据的准确。

表 5-1　大学生生涯成熟度各因子、分问卷与总问卷之间的相关矩阵

变量	1 生涯成熟度	2 自我认知	3 专业认知	4 课程认知	5 职业认知	6 学习态度	7 生活态度	8 人际态度	9 职业态度	10 适应调整	11 信息收集	12 能力提升	13 目标筛选	14 生涯认知	15 生涯态度	16 生涯行动
1	1															
2	0.782**	1														
3	0.709**	0.455**	1													
4	0.737**	0.495**	0.525**	1												
5	0.792**	0.592**	0.529**	0.496**	1											
6	0.717**	0.524**	0.469**	0.542**	0.423**	1										
7	0.810**	0.664**	0.532**	0.575**	0.626**	0.507**	1									
8	0.814**	0.630**	0.528**	0.523**	0.707**	0.466**	0.669**	1								
9	0.838**	0.639**	0.506**	0.538**	0.745**	0.484**	0.658**	0.746**	1							
10	0.789**	0.585**	0.504**	0.489**	0.720**	0.429**	0.643**	0.653**	0.736**	1						
11	0.800**	0.578**	0.517**	0.520**	0.591**	0.542**	0.574**	0.613**	0.642**	0.646**	1					
12	0.699**	0.485**	0.462**	0.504**	0.390**	0.548**	0.486**	0.428**	0.473**	0.500**	0.676**	1				
13	0.727**	0.497**	0.515**	0.512**	0.526**	0.520**	0.487**	0.542**	0.534**	0.516**	0.597**	0.552**	1			
14	0.946**	0.804**	0.780**	0.795**	0.812**	0.616**	0.753**	0.747**	0.759**	0.717**	0.691**	0.579**	0.642**	1		
15	0.956**	0.737**	0.613**	0.659**	0.741**	0.769**	0.848**	0.851**	0.853**	0.731**	0.713**	0.590**	0.629**	0.862**	1	
16	0.902**	0.641**	0.596**	0.608**	0.652**	0.618**	0.653**	0.660**	0.706**	0.783**	0.885**	0.858**	0.779**	0.783**	0.794**	1

注：** 代表在 5%的水平下显著。

表 5-2　问卷一阶、二阶因子及题号

一阶因子	二阶因子	题号
生涯认知	自我认知	1、6、14、18、24
	专业认知	5、9、11、19、26
	课程认知	7、13、17、21、32
	职业认知	15、43、48、51、54
生涯态度	学习态度	3、12、16、23、40
	生活态度	2、10、20、30、53
	人际态度	4、29、33、41、46
	职业态度	22、35、37、38、44、47
生涯行动	适应调整	28、39、50
	信息收集	31、42、49
	能力提升	25、36、45
	目标筛选	8、27、34、52

在两天时间内，由水利建筑工程学院、信息科学与技术学院、食品学院、医学院、药学院、经济与管理学院、师范学院、政法学院各年级的学生参加答题，共获得有效信息 889 份，具体情况如下。

(二) 问卷的内容

第 1 题　性别：　　[单选题]

选项	小计	比例
男	610	68.62%
女	279	31.38%
本题有效填写人次	889	

第 2 题　民族：　　[单选题]

选项	小计	比例
汉族	823	92.58%
回族	33	3.71%
哈萨克族	0	0%

（续）

选项	小计	比例
蒙古族	4	0.45%
壮族	2	0.22%
其他民族	27	3.04%
本题有效填写人次	889	

第 3 题　年级：　　　[单选题]

选项	小计	比例
大一	369	41.51%
大二	191	21.48%
大三	135	15.19%
大四	194	21.82%
本题有效填写人次	889	

第 4 题　专业：（请同时填写专业名称）　　　[单选题]

选项	小计	比例
文史类	19	2.14%
理科类	68	7.65%
工科类	726	81.66%
农学类	9	1.01%
医药类	54	6.07%
财经类	3	0.34%
艺术类	5	0.56%
经管类	5	0.56%
本题有效填写人次	889	

第 5 题　是否担任学生干部？　　　[单选题]

选项	小计	比例
是	337	37.91%
否	552	62.09%
本题有效填写人次	889	

第 6 题　家庭居住地：　　［单选题］

选项	小计	比例
疆外城市	183	20.58%
疆外县城	81	9.11%
疆外农村	243	27.33%
南疆城市	29	3.26%
南疆城镇，团场	35	3.94%
南疆农村	15	1.69%
北疆城市	152	17.1%
北疆城镇，团场	91	10.24%
北疆农村	60	6.75%
本题有效填写人次	889	

第 7 题　是否为独生子女：　　［单选题］

选项	小计	比例
是	312	35.1%
否	577	64.9%
本题有效填写人次	889	

第 8 题　是否是单亲家庭：　　［单选题］

选项	小计	比例
是	80	9%
否	809	91%
本题有效填写人次	889	

第 9 题　是否参与学生社团并组织相关活动：　　［单选题］

选项	小计	比例
是	684	76.94%
否	205	23.06%
本题有效填写人次	889	

第 10 题　有无兼职工作并与专业相关：　　[单选题]

选项	小计	比例
有 与专业相关	47	5.29%
有 与专业无关	250	28.12%
无	592	66.59%
本题有效填写人次	889	

第 11 题　父亲受教育程度：　　[单选题]

选项	小计	比例
硕士	8	0.9%
本科	65	7.31%
专科	76	8.55%
高中	221	24.86%
初中	345	38.81%
小学	174	19.57%
本题有效填写人次	889	

第 12 题　母亲受教育程度：　　[单选题]

选项	小计	比例
硕士	4	0.45%
本科	53	5.96%
专科	85	9.56%
高中	157	17.66%
初中	305	34.31%
小学	285	32.06%
本题有效填写人次	889	

第 13 题　请按照您的实际情况选择合适的选项，1～5 表示“完全不符合”到“完全符合”　[矩阵量表题]　该矩阵题平均分：3.78。

题目＼选项	完全不符合	基本不符合	不确定	基本符合	完全符合	平均分
1. 我是按照自己的兴趣和意愿来选报所学专业的	129 (14.51%)	144 (16.2%)	157 (17.66%)	324 (36.45%)	135 (15.19%)	3.22
2. 我非常喜欢我的大学	33 (3.71%)	78 (8.77%)	169 (19.01%)	462 (51.97%)	147 (16.54%)	3.69
3. 对自己的专业学习我始终能保持良好的学习状态	23 (2.59%)	76 (8.55%)	205 (23.06%)	441 (49.61%)	144 (16.2%)	3.68
4. 我能很好地处理自己的人际关系	18 (2.02%)	27 (3.04%)	119 (13.39%)	501 (56.36%)	224 (25.2%)	4
5. 我目前所学专业的专业知识很扎实	26 (2.92%)	92 (10.35%)	303 (34.08%)	395 (44.43%)	73 (8.21%)	3.45
6. 对于自己今后的学习和发展我有明确的奋斗目标	21 (2.36%)	55 (6.19%)	237 (26.66%)	427 (48.03%)	149 (16.76%)	3.71
7.《大学生职业生涯规划与就业指导》课程可以很好地启发我们对未来发展的思考	44 (4.95%)	73 (8.21%)	212 (23.85%)	431 (48.48%)	129 (14.51%)	3.59
8. 今后是考研还是就业，我已经做了深入思考	25 (2.81%)	33 (3.71%)	164 (18.45%)	404 (45.44%)	263 (29.58%)	3.95
9. 相对目前所学的专业，我发现还有更喜欢的专业	54 (6.07%)	131 (14.74%)	256 (28.8%)	281 (31.61%)	167 (18.79%)	3.42
10. 我能充分利用好时间来充实我的大学生活	16 (1.8%)	65 (7.31%)	186 (20.92%)	493 (55.46%)	129 (14.51%)	3.74
11. 专业的冷热是相对的，让自己变得足够优秀才是最重要的	17 (1.91%)	24 (2.7%)	66 (7.42%)	407 (45.78%)	375 (42.18%)	4.24
12. 大学学习期间我经常在课堂上主动发言	55 (6.19%)	226 (25.42%)	281 (31.61%)	256 (28.8%)	71 (7.99%)	3.07
13. 在大学开设职业生涯规划课程是非常必要的	42 (4.72%)	38 (4.27%)	152 (17.1%)	439 (49.38%)	218 (24.52%)	3.85
14. 我了解自己的优点和缺点	10 (1.12%)	28 (3.15%)	150 (16.87%)	512 (57.59%)	189 (21.26%)	3.95
15. 我能结合自己的专业考虑可能从事的相关职业	15 (1.69%)	29 (3.26%)	140 (15.75%)	522 (58.72%)	183 (20.58%)	3.93

（续）

题目＼选项	完全不符合	基本不符合	不确定	基本符合	完全符合	平均分
16. 学习成绩能够客观反映出一个人的学习态度和学习能力	25 (2.81%)	69 (7.76%)	166 (18.67%)	475 (53.43%)	154 (17.32%)	3.75
17. 计划永远赶不上变化，大学开设职业生涯规划课程没有必要	175 (19.69%)	260 (29.25%)	228 (25.65%)	153 (17.21%)	73 (8.21%)	2.65
18. 我不会随波逐流，盲目和别人攀比	19 (2.14%)	28 (3.15%)	98 (11.02%)	498 (56.02%)	246 (27.67%)	4.04
19. 我希望在高中课堂上就能有机会了解认识各类专业	19 (2.14%)	44 (4.95%)	82 (9.22%)	408 (45.89%)	336 (37.8%)	4.12
20. 大学里有很多的资源可以促进我的发展	19 (2.14%)	26 (2.92%)	87 (9.79%)	482 (54.22%)	275 (30.93%)	4.09
21.《大学生职业生涯规划与就业指导》课程应该开设课下的咨询和服务	17 (1.91%)	24 (2.7%)	113 (12.71%)	470 (52.87%)	265 (29.81%)	4.06
22. 我会基于自己的兴趣和价值观选择自己喜欢的职业	16 (1.8%)	14 (1.57%)	108 (12.15%)	489 (55.01%)	262 (29.47%)	4.09
23. 上课的时候我总是习惯坐在前排	31 (3.49%)	80 (9%)	210 (23.62%)	377 (42.41%)	191 (21.48%)	3.69
24. 我能从同学、老师、家人的评价中更多地认识自己	12 (1.35%)	21 (2.36%)	102 (11.47%)	550 (61.87%)	204 (22.95%)	4.03
25. 我已经独立完成了一份自己的职业生涯规划书	49 (5.51%)	159 (17.89%)	234 (26.32%)	333 (37.46%)	114 (12.82%)	3.34
26. 我在二年级才对专业有了较为全面的认识	52 (5.85%)	100 (11.25%)	286 (32.17%)	357 (40.16%)	94 (10.57%)	3.38
27. 今后我的职业发展，我可以自己来决定	15 (1.69%)	24 (2.7%)	203 (22.83%)	454 (51.07%)	193 (21.71%)	3.88
28. 我会根据自己的职业方向主动学习相关的知识和技能	14 (1.57%)	25 (2.81%)	138 (15.52%)	516 (58.04%)	196 (22.05%)	3.96
29. 良好的人际环境可以帮助我更好地成长	10 (1.12%)	18 (2.02%)	55 (6.19%)	473 (53.21%)	333 (37.46%)	4.24
30. 我相信自己的努力可以改变环境差异带来的影响	11 (1.24%)	18 (2.02%)	93 (10.46%)	514 (57.82%)	253 (28.46%)	4.1

（续）

题目＼选项	完全不符合	基本不符合	不确定	基本符合	完全符合	平均分
31. 我结合自己的专业方向已经查阅了很多的职业信息	20 （2.25%）	108 （12.15%）	225 （25.31%）	404 （45.44%）	132 （14.85%）	3.58
32. 我希望能加强大学生职业生涯规划课程的实践环节	26 （2.92%）	32 （3.6%）	138 （15.52%）	477 （53.66%）	216 （24.3%）	3.93
33. 没有必要太在意别人的评价，相信自己非常重要	14 （1.57%）	48 （5.4%）	143 （16.09%）	459 （51.63%）	225 （25.31%）	3.94
34. 今后我的职业发展，由我的家人来决定	133 （14.96%）	262 （29.47%）	260 （29.25%）	168 （18.9%）	66 （7.42%）	2.74
35. 我愿意到基层去锻炼自己	21 （2.36%）	39 （4.39%）	177 （19.91%）	458 （51.52%）	194 （21.82%）	3.86
36. 我每个学期都会制定学习、生活和工作计划让自己过得充实	23 （2.59%）	90 （10.12%）	208 （23.4%）	429 （48.26%）	139 （15.64%）	3.64
37. 我会为自己喜欢的职业、岗位积极努力	11 （1.24%）	23 （2.59%）	86 （9.67%）	517 （58.16%）	252 （28.35%）	4.1
38. 相对于薪酬待遇，我更看重今后职业发展的平台	14 （1.57%）	26 （2.92%）	150 （16.87%）	463 （52.08%）	236 （26.55%）	3.99
39. 我会根据环境的变化适时调整自己的目标	12 （1.35%）	16 （1.8%）	92 （10.35%）	552 （62.09%）	217 （24.41%）	4.06
40. 我经常会为挂科而倍感压力	211 （23.73%）	148 （16.65%）	126 （14.17%）	251 （28.23%）	153 （17.21%）	2.99
41. 我会跟家人介绍我所有的想法	16 （1.8%）	93 （10.46%）	194 （21.82%）	443 （49.83%）	143 （16.09%）	3.68
42. 我已经拜访了师哥师姐或老师咨询个人未来职业发展的困惑	45 （5.06%）	136 （15.3%）	230 （25.87%）	367 （41.28%）	111 （12.49%）	3.41
43. 一个职业需要多个专业的知识和技能来支撑	7 （0.79%）	19 （2.14%）	70 （7.87%）	531 （59.73%）	262 （29.47%）	4.15
44. 我更倾向找一个稳定的工作	16 （1.8%）	56 （6.3%）	136 （15.3%）	465 （52.31%）	216 （24.3%）	3.91
45. 我已经参与各类认证和培训活动	77 （8.66%）	207 （23.28%）	264 （29.7%）	261 （29.36%）	80 （9%）	3.07

（续）

题目＼选项	完全不符合	基本不符合	不确定	基本符合	完全符合	平均分
46. 我非常愿意去关心和帮助周围的人	10（1.12%）	19（2.14%）	78（8.77%）	495（55.68%）	287（32.28%）	4.16
47. 我对自己今后的求职就业充满信心	14（1.57%）	49（5.51%）	244（27.45%）	404（45.44%）	178（20.02%）	3.77
48. 我需要学习更多的专业知识来支撑我的职业目标	11（1.24%）	15（1.69%）	75（8.44%）	485（54.56%）	303（34.08%）	4.19
49. 我会选择性地学习或借鉴他人的经验	10（1.12%）	11（1.24%）	66（7.42%）	528（59.39%）	274（30.82%）	4.18
50. 目标一旦确定我不会轻易做出改变	10（1.12%）	27（3.04%）	181（20.36%）	487（54.78%）	184（20.7%）	3.91
51. 我认为学习成绩优秀不一定就能找到好的工作	21（2.36%）	55（6.19%）	184（20.7%）	430（48.37%）	199（22.38%）	3.82
52. 我在进行职业决策时会考虑家人意愿的	15（1.69%）	34（3.82%）	112（12.6%）	553（62.2%）	175（19.69%）	3.94
53. 我在大学生活中一定积极培养自己的兴趣爱好	11（1.24%）	24（2.7%）	96（10.8%）	500（56.24%）	258（29.02%）	4.09
54. 职业选择的核心是人职匹配	11（1.24%）	18（2.02%）	122（13.72%）	499（56.13%）	239（26.88%）	4.05

三、问卷分析

（一）石河子大学不同年级大学生在生涯成熟度上的差异

在专业认知、职业认知、学习态度、生活态度、职业态度、适应调整、信息收集、能力提升、目标筛选维度存在年级差异。

不同年级大学生在专业认知维度具有显著差异（$F=2.630$，$P=0.049$），方差齐性检验显示方差齐性，由事后多重比较结果可知，大三、大四学生在专业认知维度上的得分显著高于大一学生。

不同年级大学生在职业认知维度具有显著差异（$F=3.308$，$P=0.020$），方差齐性检验显示方差不齐，由事后多重比较结果可知，大一学生在职业认知维度上的得分显著低于大二学生。

不同年级大学生在学习态度维度具有显著差异（$F=3.522$，$P=0.150$），方差齐性检验显示方差不齐，由事后多重比较结果可知，大一学生在职业认知维度上的得分显著低于大二、大三、大四学生。

不同年级大学生在生活态度维度具有显著差异（$F=2.671$，$P=0.046$），方差齐性检验显示方差不齐，由事后多重比较可知，大一学生在生活态度维度上的得分显著低于大二、大四学生。

不同年级大学生在职业态度维度具有显著差异（$F=3.176$，$P=0.024$），方差齐性检验显示方差齐性，由事后多重比较结果可知，大一学生在职业态度维度上的得分显著低于大二、大三学生。

不同年级大学生在适应调整维度具有显著差异（$F=2.713$，$P=0.044$），方差齐性检验显示方差齐性，由事后多重比较结果可知，大一学生在调整适应维度上的得分显著低于大二大学生。

不同年级大学生在信息收集维度具有显著差异（$F=3.904$，$P=0.009$），方差齐性检验显示方差齐性，由事后多重比较结果可知，大一学生在信息收集维度上的得分显著低于大四学生。

不同年级大学生在能力提升维度具有显著差异（$F=6.521$，$P=0.000$），方差齐性检验显示方差不齐，由事后多重比较结果可知，大一学生显著低于大四学生。

不同年级大学生在目标筛选维度具有显著差异（$F=6.481$，$P=0.000$），方差齐性检验结果显示方差齐性，由事后多重比较结果可知，大一学生在目标筛选维度上的得分显著低于大四学生。

综上所述，根据调查数据显示，石河子大学学生生涯成熟度各维度得分随着年级增长呈现提高趋势，且大一学生在各维度上显著低于其他年级学生。其中职业认知、学习态度、生活态度、适应调整在大二时有了显著提高，这说明通过入学教育、专业教育和职业生涯规划教育的引导，经过一年的时间，学生在学习生活适应、职业认知方面获得了很大提升。专业认知在大三时有了显著提高，这说明学生对专业的认知是需要一段时间过程，大一的时间主要用于生活学习的适应，经过二年级的学习和探索，学生在三年级才能对专业有相对清晰的认知；信息收集、能力提升、目标筛选在大四时有了显著提高，这说明学生经过三年间的学习和努力，自主学习、实践的能力已经有了很大提升，毕业前就业求职的目标比较清晰，能主动参与信息收集和能力提升工作。

（二）课外活动情况差异检验

1. 是否学生干部

学生干部与非学生干部在信息收集、能力提升维度上有显著差异，学生干部显著高于非学生干部（表 5－3）。

表 5－3　学生干部与非学生干部生涯成熟度 t 检验

	是否学生干部	M	SD	t	P
信息收集	是	3.82	0.72	3.42	0.001
	否	3.66	0.68		
能力提升	是	3.47	0.81	3.48	0.001
	否	3.28	0.81		

2. 是否参与社团并组织活动

参与学生社团和不参与学生社团大学生在自我认知维度、专业认知维度、课程认知维度、职业认知维度、学习态度维度、生活态度维度、人际态度维度、适应调整维度、信息收集维度、能力提升维度和生涯成熟度总分上有显著差异，参与学生社团的大学生显著高于不参与学生社团的大学生（表 5－4）。

表 5－4　是否参与社团并组织活动生涯成熟度 t 检验

	是否参与社团并组织活动	M	SD	t	P
自我认知	是	3.81	0.63	2.03*	0.043
	否	3.71	0.67		
专业认知	是	3.75	0.57	2.63**	0.009
	否	3.63	0.64		
课程认知	是	3.65	0.61	2.63**	0.009
	否	3.52	0.65		

（续）

	是否参与社团并组织活动	*M*	*SD*	*t*	*P*
职业认知	是	4.06	0.58	3.24**	0.001
	否	3.91	0.64		
学习态度	是	3.48	0.68	3.32**	0.001
	否	3.30	0.68		
生活态度	是	3.98	0.62	3.31**	0.001
	否	3.81	0.69		
人际态度	是	4.05	0.58	3.88***	0.000
	否	3.86	0.68		
适应调整	是	4.02	0.62	3.43**	0.001
	否	3.84	0.72		
信息收集	是	3.78	0.69	4.35***	0.000
	否	3.54	0.71		
能力提升	是	3.39	0.81	2.92**	0.001
	否	3.20	0.83		
生涯成熟度总分	是	205.95	27.42	3.65***	0.000
	否	197.75	30.73		

3. 是否兼职并与专业相关

有无兼职并与专业有无关系的大学生在能力提升维度有显著差异（$F=4.861$，$P=0.008$），方差齐性检验显示方差齐性，由事后多重检验结果可知，未参加兼职工作的学生在能力提升维度得分显著低于兼职且与专业相关的学生。

综上所述，积极参与学生活动和社会兼职对学生的生涯成熟度有着积极和显著的影响。应该多鼓励学生在保证学业的情况下多参与课外活动、实践锻炼和社会工作。

（三）父母受教育水平

1. 父亲

父亲受教育程度不同的大学生在课程认知维度存在差异（$F=2.808$，

P=0.016)，方差齐性检验显示方差不齐，由事后多重比较结果可知，父亲受教育程度为硕士研究生的学生在课程认知维度上的得分显著高于父亲是其他受教育程度的学生。这说明父亲的学历和认知水平对学生的课程认知度影响很大。

2. 母亲

母亲接受教育程度不同的大学生在生涯成熟度总分、自我认知维度、课程认知维度、职业认知维度、学习态度维度、生活态度维度、人际态度维度、职业态度维度、适应调整维度、信息收集维度、能力提升维度、目标筛选维度存在显著差异，由事后多重比较可知，母亲受教育程度为硕士研究生的学生，在生涯成熟度总分和各维度上的得分显著高于母亲是其他受教育程度的学生。

综上所述，家庭环境对学生的生涯成熟度的影响是很大的，尤其是母亲对孩子成长的各个方面都有影响。父亲则在孩子的课程、专业和职业认知方面比母亲的影响更大一些，这与父亲的角色、职业、性格都有一定的关系。

(四) 高低生涯成熟度组间在学习态度、生活态度、职业态度维度得分的差异检验

对生涯成熟度得分由低到高进行排序，将得分在前30%的被试作为生涯成熟度的低分组，后30%的被试作为生涯成熟度的高分组，然后对比高低生涯成熟度组之间在学习态度、生活态度、职业态度得分的差异，结果表明，高生涯成熟度的大学生在学习态度、生活态度、职业态度上显著高于低生涯成熟度的大学生（表5-5）。

表5-5　高低生涯成熟度组间在学习态度、生活态度、职业态度得分的差异检验

	学习态度	生活态度	职业态度
低分组	3.92±0.62	3.31±0.65	3.38±0.63
高分组	2.87±0.58	4.46±0.39	4.44±0.39
t	−20.26***	−24.50***	−23.09***
P	0.000	0.000	0.000

（五）不同地域、不同性别、不同民族的差异检验

从样本提供的具体数据来看，石河子大学不同地域、不同性别、不同民族大学生在生涯成熟度总分和各维度上差异不显著。这说明地域的差异、性别和民族的不同不是影响学生生涯成熟度的主要因素，这些客观的、外在的影响对学生生涯成熟度的影响很有限。同时也说明，石河子大学学生通过在校的学习、生活、工作和民族团结教育，使得来自地域、性别、民族间的差异对学生生涯成熟的影响力在减小。我们在开展生涯教育过程中不能简单地从外在的、客观的条件来进行判断，同时还可以从客观环境、实践体验、言传身教等方面来积极地引导学生，激发学生自身的热情和潜能，才能更好地帮助学生成长和发展。

第六章　新疆高校职业生涯规划教育的特点及存在的问题

通过对内地知名高校职业生涯规划教育取得经验的总结梳理，结合新疆高等教育发展现状，从自治区和兵团教育主管部门下发的官方文件，以及对新疆高校就业指导部门的实地调研，对高校专兼职学生工作者、在校汉族大学生、少数民族大学生和新疆各类用人单位的调查了解，同时参照《新疆高校大学生生涯成熟度问卷调查》的结果分析，新疆高校职业生涯规划教育的基本现状已大致呈现，并有自己显著的特点，具体总结如下。

一、职业生涯规划教育起步时间较晚，不同高校之间发展不平衡

从对新疆各高校开展职业生涯规划教育的时间来看，新疆最早开展职业生涯规划教育是在 2007 年，全面推广是在 2011 年，而内地高校在 2007 年已经全面普及，整体时间落后于内地高校 4 年。在新疆各高校最早开展职业生涯规划教育的是职业技术院校，而不是普通本科院校，说明职业技术院校在人才培养过程中对社会需求的反应更敏锐，教育方案的调整更灵活，教育内容更具有针对性。而普通本科院校在人才培养、教学管理和就业工作中按部就班的思维模式较为明显。各高校在具体开展职业生涯规划教育工作中，重视程度和发展速度差异较大，各高校所开设的课程在内容上有很大的不同，发展不平衡。

（一）高等职业院校职业生涯规划教育的特点

与一般本科院校相比，职业院校发展的核心竞争力是着眼于学生职业技能与职业素质的培养，工作的着力点是能充分就业，更好地满足社会对专业

技术人才需求。职业技能与职业素质的培养应该是职业生涯规划教育的重要内容。相对于综合性的本科院校，高等职业院校更突出的表现为一种就业型的教育。它离不开市场，必须和当地经济发展相适应，这样培养出来的人才更能被一线企业、公司所接纳，才能更好地体现其价值所在。

由于办学的定位不同，学生生源的差异，高职院校学生的职业生涯规划教育一般涉及两个方面：第一，帮助高职生建立正确的人生观和价值观，充分认识自己的个性特征和能力水平；第二，根据高职生的个人特点来帮助他们从择业、职业定位及职业发展的全过程来进行教育引导。简而言之，高职生的职业生涯规划教育就是帮助他们先认识和理解职业选择的重要性，再对所具备的利弊条件及主客观环境进行实际分析，然后确定努力的目标并进行职业选择及定位，其特点是做到短平快，立竿见影。当然，还有一些院校正借助“大众创业、万众创新”的机遇，开始着手创新创业教育，并取得了一定成效。但大多数高职院校的工作重心仍是在应对就业方面，还有一些学校的职业生涯规划教育课程还没真正落实，学校之间的差距是很大的。

（二）普通本科院校职业生涯规划教育的特点

相对于高职院校，普通高校的办学定位和办学宗旨还是有很大不同的。各高校会根据社会政治、经济、文化发展的需要以及学校所处的环境，从办学条件和办学现状出发，确定学校的发展方向、奋斗目标、建设重点和办学特色。目前，本科高校大致分为研究型大学、教学研究并重型大学和以教学为主科研为辅型大学三大类，不同类别的高校对学生的培养也是有差异的。各类普通高校所培养的学生不仅仅是为了就业，而是要为社会培养一批批在各个行业领域有责任、有担当、有视野、有境界的高级复合型人才。他们走向社会时不仅仅是被动地就业，而是要给社会带来新的动能、新的进步和新的发展，创造更多的就业机会。

因此，普通高校的职业生涯规划教育的内容相对于高职院校更加丰富、具体、系统，而且有更多的时间保证。目前，新疆大多数高校按照教育部的相关要求在学生四年的学习生活中根据学生和专业的特点都设置了生涯教育的内容，包括自我认知、专业认知、职业认知、工作世界探索、生涯决策、评估调整、就业政策解读、创新创业教育、形势政策分析、就业面试技巧等内容，具体课程一般都是由学校教务部门进行统筹，课程纳入到人才培养方案当中，有具体的学时数来保证。除此以外，有些高校还购置了专门的网上测评系统，帮助学生开展职业测评。也有一些高校设置了课下的职业咨询部门，开展“一对一”的职业咨询和指导，组织开展职业团队辅导。还有的高校在创新创业教育方面投入了很大精力。当然，因为生源的差异、民族学生的比例、专业设置的差异、学校办学定位的差异，在推进职业生涯规划教育进程中，普通高校之间的差异也是很大的。

二、部分高校对职业生涯规划教育重视程度不够

在高等教育改革发展过程中，部分高校在发展的整体思路上求全、求大、求快的意识很强，对学科排名、科研获奖、发表论文的工作非常重视，而对自身的内涵建设不够重视。学校层面的激励政策也在向学科、科研工作倾斜，重科研、轻教学、弱管理的理念仍占据重要位置。在这样的理念指导下，教师更愿意把时间和精力放在学科建设、科研工作中，而对琐碎繁杂的学生工作重视程度不够。全员育人、全过程育人、全方位育人的工作还不到位。尤其在学生的就业环节，各级部门只关心最终的就业率，但对教学过程、培养过程和学生生涯教育关心不够，简单地把职业生涯规划教育当作是就业指导工作，对学生工作队伍的专业化、职业化发展关心不够。各高校就业指导的专职人员相对缺乏，专兼职学生工作者也因为没有稳定的发展通道，人员变动非常频繁，有限的人力资源很难投入到职业生涯教育工作中。大量的精力集中在就业的事务性工作上，如组织各类的招聘会、完善就业数据库、报送就业计划等，客观上对职业生涯规划教育工作的投入比重较少，在一定程度上影响了生涯教育的深入。同时，为积极响应国家“大众创业、万众创新”的号召，政府和高校也在积极推动就业创业教育，并投入了大量的时间和精力，希望通过“创业来带动就业”达成较高的就业率。为此学校开设了很多的创业课程，但却忽略了创新创业教育的基础和客观环境，工作的重心发生了偏移，挤占了职业生涯规划教育的空间。还有一些高校虽然开展了职业生涯规划教育工作，但简单地停留在开设相应理论课程、安排一些讲座，系统的职业测评工作、个性化的咨询工作、针对不同学生群体的团体

指导、实践教育、体验教育和相关的研究工作推进缓慢，造成了课程内容缺乏吸引能力，教育层次单一、教学效果很难体现的尴尬局面。

三、在校学生的职业生涯规划意识欠缺，自我发展原动力不足

由于应试教育的巨大惯性和高考招生制度的弊端，新疆高校的大学生在小学、初中、高中基本没有接触到生涯教育的内容，学生缺少与外界环境的接触，只知道要考大学，但考什么样的大学、学什么样的专业、如何安排自己的大学生活、如何实现自己的职业理想、如何展现自己的人生价值，这些问题都没有得到必要的指导，进入高校以后虽然接受了必要的入校教育和专业教育，但因为学生自我认知的缺失和对高校学习生活的不适应，其学习动力不足的现象比较普遍。

现在很多的在校学生都已经是“00后”了，这些学生群体是伴随着网络技术快速发展成长起来的，而且大多都是独生子女，从小是在家人亲朋的关怀下成长起来的，物质条件的优越和亲人的疼爱使得一些学生养成了坐享其成的习惯，主动学习、主动交流的意识相对欠缺，自我发展、自我成长的意愿不是很强烈，自主决策的意识也比较弱，需要教育工作者给予更多的关注。

一些来自南疆少数民族地区的民考民、民考汉的学生因为学业基础相对较弱，填报志愿多以师范、农学、医学专业为主，但有些专业的录取线较高，很多学生被专业调剂，心理和情绪受到一定程度的影响，很难在较短的时间内适应和调整，学习和就业的压力很大，这给后续的职业发展也带来了很多的消极影响。还有一些少数民族学生受家庭观念影响比较深，在工作上更多地倾向于事业单位、国有企业、政府部门，寻求工作的稳定和良好的待遇。对一些政策性的就业比较积极，但在实际争取的过程中又缺乏主动性，在思想上还存在一定的等、靠、要的思想，主观能动性相对较差。诸多因素导致高校大学生职业生涯规划的意识不强，学习的内在动力不足，这对后期的专业学习影响很大。这些都对我们的职业生涯规划教育提出了新的要求。

四、针对少数民族大学生职业生涯规划教育工作处在空白阶段

众所周知，职业生涯规划教育是一个系统的教育体系，除了通识教育的基本理论和方法之外，重点应该关注不同层面学生群体的职业发展诉求，有针对、有层次、有计划地开展生涯教育工作。新疆高校少数民族大学生群体是一个非常重要的群体，解决好这些学生的职业生涯规划问题，应该是新疆高校职业生涯规划教育取得实效的标志性成果。但就目前的情况来看，针对少数民族学生的职业生涯规划教育还处在空白的阶段。在就业环节，少数民族学生就业面临更多的困难和挑战，加上传统的民族习俗、价值观念和就业心理上的不同，少数民族学生对职业生涯规划教育的需求更加强烈。但专业师资的匮乏，尤其是专业的少数民族生涯教育工作者非常缺乏，很难满足少数民族学生的需求，这一点在当前新疆经济社会发展和社会稳定的大局下显得尤为重要，急需加强。

五、政府主导的就业模式对高校职业生涯规划教育影响较大

在新疆高校整体的就业工作中，各级政府作用的发挥是非常显著的，客观上也是非常必要的。从中央到自治区、兵团和各县、师团，政府在扩大就业、改善民生、维护稳定的过程中发挥着极其重要的作用。在国家西部大开发战略、新一轮经济结构调整、一带一路倡议、对口援疆的大背景下，政府主导的政策性就业，如“大学生村官”、自治区选调生、兵团选派生、兵团连官、“三支一扶”、西部计划、双语教师、基层公务员选拔，警察、公安、特警队伍的扩充，为大学生就业工作提供了更多的机会。尤其是针对少数民族学生，政府专门出台政策，在一些重要的国企、央企的人员选拔中专门设置少数民族学生就业名额，甚至选派一些少数民族学生到对口援建的内地省市进行培训和就业，并作为一项政治任务来具体落实。在各级政府工作中有消灭零就业家庭的专项工作，即必须保证每个家庭有 1 人就业，必须为就业

提供条件，这是政府解决民生工作的坚定决心，但会被一些人理解为政府必须要给我找份工作，国家和政府促进就业的政策对一些学生来讲被认为是该做的，必须要做的，反而变得更加被动。这些学生对所谓职业生涯规划教育没有从个人与社会匹配的层面来充分认识，还是停留在满足个人需求的层面来认识政府工作和学校就业指导工作的。为此更应该强化职业生涯规划教育，把新疆的区情、国家的政策、个人的发展充分结合在一起，把思想政治教育和职业生涯规划教育有机结合，让更多的学生在享受国家政策的过程中转变观念，学会感恩、学会自立、学会自我发展和理念创新，形成独具新疆特色的职业生涯规划教育体系。因为在新疆本土成长起来的高素质人才应该成为、也必须成为新疆经济社会发展的主力军，要实现这样的愿望，政府、高校、社会和每一个家庭都有责任参与到职业生涯规划教育工作中来。

六、对职业生涯规划教育内涵理解不到位，工作缺乏针对性和连续性

作为一种新的教育思想，职业生涯规划教育涉及自我认知、职业认知、环境探索、决策分析、目标制定、计划实施、分析评估等主要环节，应该根据学生成长的各个时期，设置不同内容的课程。教育区间应该覆盖学生成长的各个时期，并在家长、学校和社会层面形成有效的合力，这样才有助于在学生成长的各个时期，帮助他们在职业发展的不同阶段实现“人职匹配”的职业发展目标。但目前来看，新疆的职业生涯规划教育仅在高校推广实践，并且有教育部和自治区的政策作为保障来推动执行，但高中教育、初中教育、小学教育都没有关于职业生涯规划教育的内容，更没有相关的文件和制度来指导实施，家庭和学校仍然围绕着高考的指挥棒在高速运行，职业教育的发展在社会上还存在很多的偏见，而没有切实从学生成长的全过程来系统考虑和设置职业生涯规划教育的整个体系，需要教育主管部门结合新疆教育工作的实际有序推进各个层面的生涯规划教育工作。

部分高校对职业生涯规划教育的内涵理解还不深入，简单地理解为就业指导工作，工作的重心还是仅放在对高年级的就业指导上，职业生涯规划课程还没有作为必修课程全面覆盖，已经开设的课程内容基本是一样的，没有

对学科类别和专业做深入的研究，课程内容过分强调培训指导，忽视专业教育，折射出工具理性下的浮躁，学生的专业需求得不充分满足。职业生涯教育正是在终身教育理念的指导下，着眼于人的全面和可持续发展。然而，在职业生涯教育课程设计过程中，由于没有对课程目标进行深入、系统的研究，导致课程目标缺乏指向性，不利于设计出科学合理的课程方案。部分高校课程设计人员将职业生涯教育课程定位于短期、应急的工作，缺乏终身教育的眼光审视职业生涯教育课程，造成课程目标设置单一，继而导致课程内容在组织、实施过程中缺乏统一性与全面性。真正意义上的职业生涯规划教育不仅仅是理论上的讲授，更重要的是要有具体的实践和评估环节，以检验不同阶段学生成长变化的情况。但目前，大多数高校关于职业生涯规划教育的工作仅停留在理论教学层面，与实践教学脱离的现象比较普遍，需要尽快加以改进。

七、高校研究生教育中职业生涯规划教育缺失

通过调研发现，目前新疆高校职业生涯规划教育主要覆盖了本科阶段，研究生教育基本没有涉及，这是职业生涯规划教育的一个重要缺失。因为经过本科四年学习的大学生，对自我认知、专业发展和社会需求的了解更加清晰，在导师的指引和帮助下，对自己的职业发展方向将更加明确，而且在研究生学习过程中，能更多地参与实践体验和岗位锻炼，也有更多的机会接触社会，也能为本科生的职业发展和生涯决策做出好的示范，但现实情况却不尽如人意，研究生中职业迷茫的比例很高。作为高等学校，发挥各个层面教育的优势，积极构建涉及研究生、本科生、少数民族学生、经济困难学生、女生等特殊群体，确保每一个学生都能根据自己的需要找到今后职业发展的路径，这是高校必须给予重视的。

第七章　加强新疆高校职业生涯规划教育的具体对策

职业生涯规划教育是一项非常复杂的系统工程，需要国家、政府、社会、各级教育主管部门、学校、用人单位、家庭和每一个学生共同参与的工作。党的十八大报告把教育放在改善民生和加强社会建设之首，充分体现了党中央对教育事业的高度重视和优先发展教育的坚定决心。报告对教育提出了一系列新要求、新论断，其中“把立德树人作为教育的根本任务”是在党的全国代表大会报告中首次提出，是我党的重大政治宣示，令人振奋，备受鼓舞。在党的十九大报告中，强调建设教育强国是中华民族伟大复兴的基础工程，要求全面贯彻党的教育方针，落实立德树人根本任务，发展素质教育，推进教育公平，培养德智体美全面发展的社会主义建设者和接班人。职业生涯规划作为教育工作的重要内容，是“以人为本”教育理念真正落地的重要载体，也是国家进一步推进教育改革发展、提高人才培养质量的突破口，需要得到全社会的高度关注。

大学生职业生涯规划教育就是引导大学生在对成长背景、社会环境、可利用资源及将来发展等主客观条件进行综合分析、总结、测定的基础上，结合自身的兴趣、性格、能力、价值观、自身的优点和不足，拟定自己的职业生涯目标，同时按照一定时间、顺序、方向合理安排，不断实现自我成长的过程。概括而言是指针对大学生自身的特点，有计划地进行旨在实现大学生可持续职业发展的全方位的教育活动①。

1977 年，联合国教科文组织出版了瑞士教科文组织全国委员会秘书长赫梅（Charles Hummel）的《今日的教育为了明日的世界》的研究报告。书中强调教育要注重学生的内在方面：“要唤起学生的兴趣、好奇心和热情；

---

① 仲雯雯. 大学生职业生涯规划教育探究［D］. 青岛：青岛大学，2008：13.

善于引导教育者将其命运掌握在自己手中；要使他们学会工作、研究、发明创造；培养他们进行自我训练和自我教育”①。

在高校开展职业生涯规划教育，一方面有助于大学生个体认识自我，更好地实现其职业理想，进而最大化地体现出大学生作为潜在的社会人力资源的价值。另一方面有助于实现高校人才培养和社会需求的充分对接，缓解我国高校毕业生的就业瓶颈。作为职业生涯规划教育的实施主体，高校在开展此项教育工作过程中必须发挥核心的作用。当然一项教育内容的贯彻、实施，仅仅通过学校来落实是远远不够的，还需要政府、社会、家庭、各类用人单位的共同参与，形成一套科学、完备、高效的教育体系，这样才能充分挖掘出高素质人才的巨大潜力，在实现人才最大价值的同时，充分满足社会发展对人才的需求。结合新疆特殊的社会、政治、经济、民族、文化和高校的实际，想要更好地推进新疆高校职业生涯规划教育应该从以下几个方面来努力。

一、充分认识在高校开展职业生涯规划教育的战略意义

（一）开展职业生涯规划教育是实现新疆社会稳定和长治久安总目标的重要举措

新疆地处祖国西北边陲，作为我国一个主要的少数民族地区，在我国发展和稳定大局中具有非常重要的战略地位。2009 年爆发的“七五”事件，给新疆的经济社会发展、民族团结、社会稳定带来巨大影响，为此中央先后三次召开新疆工作座谈会，举全国之力维护新疆社会稳定，促进民族团结和经济发展。经过十年的不懈努力，已经取得了巨大成效。但境内外敌对势力的破坏活动从未停止，意识形态领域的斗争还将长期存在，为继续巩固新疆社会稳定和长治久安总目标取得成果，除了常态化做好安全稳定工作外，最关键的还是要在教育领域展开具体的工作，旗帜鲜明地与“三股势力”作斗争，坚决抵制宗教极端思想向学校渗透，要用马克思主义、中国特色社会主义理论和社会主义核心价值观引领各族人民，要积极宣传党和国家的惠民政策、

① 单中惠，杨汉麟. 西方教育学论著提要［M］. 南昌：江西人民出版社，2000：704.

普及法律知识、积极引导宗教与中国特色社会主义相适应。

“职业生涯规划教育是有目的、有计划、有组织地培养个体规划自我职业生涯的意识与技能，发展个体职业综合能力，促进个体职业生涯发展的活动，是以引导个体进行并落实职业生涯规划为主线的综合性教育活动。具体内容包括职业生涯定向教育；自我职业潜能分析能力培养；规划自我职业生涯的意识与技能培养；职业生涯规划的心理辅导；职业生涯规划相关核心素质的培养”等。新疆高校作为服务新疆经济社会发展的人才高地，必须确保人才培养的质量和社会主义的办学方向，为社会主义建设事业输送思想政治坚定、专业知识全面、职业技能突出、发展潜力巨大的合格建设者和接班人。这就需要各类高校在开展职业生涯规划教育过程中，必须立足新疆经济社会发展的现实，科学定位、转变理念，把每一位学生的个人成长和职业发展与服务新疆、建设新疆的职责使命紧紧相连。利用好国家“一带一路”的发展机遇和对口支援政策，制定更多的优惠政策，为更多内地生源留疆工作创造好的环境。同时还要鼓励和引导一批又一批优秀的毕业生到南疆发展，到基层建功立业，这就是职业生涯规划教育的意义所在。

（二）开展职业生涯规划教育是新时期开展高校思想政治教育工作新的切入点

2016年习近平总书记参加全国高校思想政治教育工作会议，他强调“高校思想政治工作关系高校培养什么样的人、如何培养人以及为谁培养人这个根本问题。要坚持把立德树人作为中心环节，把思想政治工作贯穿教育教学全过程，实现全程育人、全方位育人，努力开创我国高等教育事业发展新局面。”习近平总书记还强调“我们的高校是党领导下的高校，是中国特色社会主义高校。办好我们的高校，必须坚持以马克思主义为指导，全面贯彻党的教育方针。要坚持不懈传播马克思主义科学理论，抓好马克思主义理论教育，为学生一生成长奠定科学的思想基础。要坚持不懈培育和弘扬社会主义核心价值观，引导广大师生做社会主义核心价值观的坚定信仰者、积极传播者、模范践行者。”这些论断再次强调了高校思想政治教育的重要作用，再次给高校思政工作指明了方向。

2017年4月10—11日新疆维吾尔自治区召开了高校思想政治工作会

议，陈全国书记强调："要运用学生喜闻乐见的方式开展思想政治工作，在授业解惑中引人以大道、启人以大智。要把思想政治工作贯穿教育教学全过程，引导学生正确认识世界和中国发展大势，正确认识中国特色和国际比较，正确认识时代责任和历史使命，正确认识远大抱负和脚踏实地，树立正确的祖国观、民族观、文化观、人生观，让学生成为德才兼备、全面发展的人才，更加自觉地爱党、爱国、爱社会主义，更加自觉地维护民族团结，更加自觉地为中华文化、民族文化的繁荣发展作出贡献，更加自觉地把个人的理想追求融入国家和民族的事业中。要在人文环境上多营造，把解决思想问题同解决实际问题结合起来，深入开展好'三进两联一交友'活动，丰富校园文化生活，要广泛开展实践活动，努力打造良好育人环境。要在网络媒体上扬正能，推动思想政治工作传统优势同信息技术高度融合，增强思想政治工作的时代感和吸引力，唱响网上好声音，传播网络正能量，善于用网言网语摆事实、讲道理，切实守护好共同的网上精神家园。"

新疆高校所开展的职业生涯规划教育就是围绕各族学生的发展和成长，从认识自我、了解专业的层面入手，把自身的发展与新疆社会经济发展的实际结合起来，引导学生爱党、爱国、爱疆、爱校，自觉维护民族团结，为新疆经济社会发展提供人才保证。这与高校思想政治工作的目标是完全一致的，而且与每一个学生的实际需求和自身发展密切相关，也是学生主动愿意了解的领域，是一项具有连续性、实践性很强的教育工作，也是高校思政工作的重要组成部分，因此可以作为新疆高校思想政治工作的一个切入点做好做实。

（三）开展职业生涯规划教育是高校改革发展提升人才培养质量的重要内容

《高等教育法》明确规定，高等教育的任务是培养具有创新精神和实践能力的高级专门人才，促进社会主义建设。2012 年 3 月，教育部下发了《高等教育专题规划》以及《全面提高高等教育质量的若干意见》，明确高等教育的任务之一是提高人才培养质量和社会服务能力。当前，我国高等教育已经从精英教育阶段步入大众教育阶段，新疆高校的毛入学率已达到 31%。如何提升大学生职业素养和职业能力，更好地适应"一带一路"倡议下新疆对各类人才的需求，如何化解新疆南北疆经济发展的差异，如何吸引更多的优秀人才支援南疆建设，防止高素质人才流失，这些问题都是新疆高校在改革发展中必须思考的重要问题。

按照舒伯的生涯发展时空发展理论，大学教育阶段恰好是一个人职业生涯的探索阶段，是其职业生涯逐步清晰并实施的重要阶段，对学生的未来发展有着重要的意义。它在每一个生命个体中占据着重要的作用，关乎每一个人对生命意义的理解、对人生价值的追求和社会的认知判断，是一个循序渐进的系统教育①。由于我国的职业生涯规划教育起步较晚，在小学和初中阶段基本没有涉及生涯教育的内容，如果在进入社会的最后阶段，还没有接受系统的职业生涯规划教育，面对严峻的就业环境和人才需求的结构性矛盾，很难满足经济社会发展的需求。因此，在当前的形势下，高等教育必须主动承担起对学生进行职业生涯规划教育的职责使命，把专业教育和思想政治教育、形势政策教育、就业指导教育、创新创业教育有机融合，这是高等学校不断深化专业教育、提升人才培养质量、服务社会经济发展的必然要求。

（四）开展职业生涯规划教育是提升在校大学生职业适应力和竞争力的重要途径

长期以来，高校对学生的就业指导工作都比较重视，不断根据国家经济社会发展的要求来调整就业指导工作。2003 年，教育部明确把就业指导课作为学生思想政治教育的重要组成部分，作为贯穿大学全过程的“不断线教育”纳入日常教学，并予以学时学分保障。2007 年 12 月 28 日，教高厅〔2007〕7 号《关于大学生职业发展与就业指导课程要求的通知》，明确要求各高校切实将就业指导课程建设纳入人才培养工作，纳入就业“一把手”工程，课程要明确列入教学计划，2008 年起提倡所有普通高校开设《职业发展与就业指导》课程，并作为公共课纳入教学计划，贯穿从学生入校到毕业的整个培养过程。现阶段作为高校的必修课或选修课课程，建议安排不少于

① 蒋嵘涛．大学生职业生涯规划与高等教育人才培养模式改革的思考［J］．湘潭大学学报（哲学社会科学版），2004（4）．

38学时，经过3～5年的完善后全部过渡到必修课。

职业生涯规划教育涉及哲学、社会科学、心理学、教育学、管理学、成功学等作为学科基础，借助心理学、社会学和计算机技术帮助大学生认识自我、认识社会、认识职业，并用科学的方法进行决策，最终实现人职匹配，是一门多学科交叉的教育内容。通过开展职业生涯规划教育，促使学生把握当下，把自己的专业学习与职业目标相结合，把个人的职业理想与社会需求相结合，始终保持一个积极的向心力，并以自信乐观的态度在就业市场中自主择业，实现自身的价值。同时，职业生涯规划教育不仅局限在帮助学生实现高质量的就业，更重要的是帮助学生树立终身学习的意识，激发学生未来发展的潜力，让他们能时刻根据环境的变化提前做出判断和调整，不断适应新的挑战，在未来的职业生涯发展中始终处于主动地位。其教育的内涵已经远远超出了就业指导的范畴，关注的是人的潜能挖掘和长远发展。培养受教育者的职业规划意识和能力，对于现代社会要求的人才流动、职业调换、领域转移等做出知识和能力上的储备，目的是为了提升大学生的社会适应力、行业竞争力、职业贡献力，在从校园步入社会的同时，顺利完成“学生”到“职业人”角色的转变，并在其职业生涯中展示风采、演绎角色、实现梦想①。对社会的贡献是实现人力资源与社会需求的合理配置。这必将是高等教育改革、提升人才培养质量、主动适应社会主义市场经济体制和人力资源合理配置的客观需要。

二、认真把握高校开展职业生涯教育的历史性机遇

（一）“一带一路”发展战略和第二次新疆工作座谈会为新疆发展带来机遇

2013年9月7日，中国国家主席习近平在哈萨克斯坦纳扎尔巴耶夫大学作重要演讲，提出共同建设“丝绸之路经济带”。2013年9月和10月，中国国家主席习近平在出访中亚和东南亚国家期间，先后提出共建“丝绸之路经济带”和“21世纪海上丝绸之路”的重大倡议，得到国际社会高度关注。2013年11月12日十八届三中全会《决定》提出，加快同周边国家和

① 文正建. 试论高校加强职业生涯规划教育的战略意义［J］. 2012（20）.

区域基础设施互联互通建设，推进丝绸之路经济带、海上丝绸之路建设，形成全方位开放新格局。新丝绸之路经济带，东边牵着亚太经济圈，西边系着发达的欧洲经济圈，被认为是“世界上最长、最具有发展潜力的经济大走廊”。将带动沿线十余个国家近30亿人口，具有巨大的发展潜力。而新疆作为新丝绸之路的核心桥梁和枢纽，其战略地位非常重要。在国家发展整体布局中，新疆的发展潜力巨大。这在客观上要求新疆的高等教育必须充分结合“一带一路”倡议的总体要求进行改革创新，发挥人才高地的优势，加强国际交流，拓展学科专业、提升人才培养质量、加强科学研究，为“一带一路”战略的稳步推进提供智力支持和人才保障。

2014年5月，习近平主席来新疆调研，主持召开了第二次新疆工作座谈会，为新疆的发展指明了方向，也带来了新的历史发展机遇。习近平指出，要坚定不移推动新疆更好更快发展，同时发展要落实到改善民生上、落实到惠及当地上、落实到增进团结上，让各族群众切身感受到党的关怀和祖国大家庭的温暖。要坚持就业第一，增强就业能力，引导各族群众有序进城就业、就地就近就业、返乡自主创业。要坚持教育优先，培养优秀人才，全面提高入学率，让适龄的孩子们学习在学校、生活在学校、成长在学校。要吸引更多优秀人才投身教育，国家的教育经费要多往新疆投。

李克强总理强调，就业是新疆最大的民生问题，而民生牵着民心。要从稳疆安疆的战略高度出发，以增加就业为重点，加快改善民生，促进社会稳定。在新疆的所有企业和投资项目，都要重视吸纳当地劳动力。吸引内地企业向新疆有序转移、集中布局、集聚发展，实现集中规范就业，积极发展民族特色手工业，同时鼓励新疆群众到内地就业。中央在政策上给予大力和特殊支持。把教育搞上去，是实现新疆经济发展、社会进步和长治久安的治本之策，也是扩大就业、改善民生的基础。要扎实办好义务教育等各级各类教育，积极推进“双语”教育和职业教育，帮助新疆各族群众特别是年轻人学好用好国家通用语言文字，为他们带来更多发展机遇。

中央领导的讲话点出了新疆社会经济发展的重要环节，改善民生、增加就业、促进稳定。这一切工作的基础就是要加强教育，提升教育质量，增强各类就业群体的就业技能。作为高等教育，担负着人才培养、科学研究、社会服务和文化传承的重要使命，必须在教育的过程中积极引导广大青年学生树立职业理想、提升职业技能，结合自身特点和新疆社会经济发展的需要找准发展方向和目标，这就是职业生涯规划教育的核心。因此，在新疆高等教育的改革发展中，加强职业生涯规划教育势在必行。

（二）“双一流”大学建设和高考招生制度改革加速推进新疆高等教育发展

建设一流大学和一流学科，是党中央、国务院在新的历史时期，为提升我国教育发展水平、增强国家核心竞争力、奠定长远发展基础做出的重大战略决策。一流大学和一流学科，是知识发现和科技创新的重要力量，是先进思想和优秀文化的重要源泉，是培养各类高素质优秀人才的重要基地，是服务经济社会发展的重要支撑。总体目标是推动一批高水平大学和学科进入世界一流行列或前列，加快高等教育治理体系和治理能力现代化，提高高等院校人才培养、科学研究、社会服务和文化传承创新的水平。这些高校将成为知识发现和科技创新的重要力量、先进思想和优秀文化的重要源泉、培养各类高素质优秀人才的重要基地，在支撑国家创新驱动发展战略、服务经济社会发展、弘扬中华优秀传统文化、培育和践行社会主义核心价值观、促进高等教育内涵发展等方面发挥重大作用。

现行高考招生制度是在高等教育精英化培养阶段建立的，其目标是要从众多考生中选拔少数优秀人才，实施精英教育。但我国的高等教育已经进入到大众教育阶段，高校的分层、分类趋势明显，仅用高考成绩难以有效满足不同类型高校的人才选拔需求，已经不能完全适应经济社会和教育发展的现实需求。同时高考招生制度的公平性也遭遇严峻挑战，作为跨越城乡二元结构的主要通道，高考招生制度已经成为社会流动的阶梯，关系着社会的稳定和公正，必须结合当前社会经济发展的需要进行改革①。2013 年 11 月，党的十八届三中全会通过的《中共中央关于全面深化改革若干重大问题的决定》，将考试招生制度改革作为深化教育领域综合改革的战略任务，明确了顶层设计思路。高考招生制度改革的核心价值取向是引导和促进学生全面发展。现在分类考试、综合评价、多元录取、自主招生等改革措施就是为了学生的全面发展而进行的顶层设计。高等教育必须抓住机遇做好相应的发展规

① 钟秉林. 高考招生制度改革的重点和走向 [J]. 中国高等教育，2014 (13).

划，确保人才培养质量。

新疆的高等教育必须认清当前改革发展的形势，不断优化高等教育在服务区域经济和社会发展中的作用，借助新一轮高校招生制度改革，可以进一步优化普通高校专业设置的整体布局，优化人才培养结构体系，在一定程度上分流进入普通高校人数，缓解普通高校在人才培养过程中的压力，可以更好地集中优势资源，进一步提升人才培养质量。

（三）全国高校思政工作会议和首个青年发展规划为生涯教育指明了方向

2016 年 12 月 7 日至 8 日，全国高校思想政治工作会议在北京召开。中共中央总书记、国家主席、中央军委主席习近平出席会议并发表重要讲话。他强调，高校思想政治工作关系高校培养什么样的人、如何培养人以及为谁培养人这个根本问题。要坚持把立德树人作为中心环节，把思想政治工作贯穿教育教学全过程，实现全程育人、全方位育人，努力开创我国高等教育事业发展新局面。教育部部长陈宝生要求，高等教育必须全面落实四项重要任务。一是把加强党的领导落到实处。要通过推进教师、学生两大群体并进，推动思想政治工作改革创新。二是始终坚持立德树人这一根本任务。要更加重视因材施教，突出学生主体地位，把立德树人落实到学生健康成长上。三是认真做好服务国家这篇大文章。要扎根中国大地，为人民服务，为中国共产党治国理政服务，为巩固和发展中国特色社会主义制度服务，为改革开放和社会主义现代化建设服务，增强服务国家意识，主动与国家战略对接，尤其是着力推进高等教育改革创新。改革是办好中国特色社会主义大学、建设高等教育强国的关键所在和动力所在。全国高校思想政治工作为高校未来的发展指明了方向。

2017 年 4 月，中共中央、国务院印发了《中长期青年发展规划（2016—2025 年）》。《规划》是新中国历史上第一个青年发展规划，充分体现了以习近平同志为核心的党中央对青年一代的亲切关心、对青年工作的高度重视，是我国青年发展事业的重要顶层设计。《规划》强调，促进青年更好成长、更快发展，是国家的基础性、战略性工程。党和国家事业要发展，青年首先要发展。党的十八大以来，以习近平同志为核心的党中央进一步明确中国特色社会主义青年成长方向，全面加强对青年的思想政治引领和成长成才服务，制定实施一系列促进青年发展的政策措施，为广大青年指明了正确的成长道路，创造了良好的成长环境。

《规划》从思想道德、教育、健康、婚恋、就业创业、文化、社会融入与社会参与、维护合法权益、预防违法犯罪、社会保障等10个领域提出了具体发展目标，针对每个领域青年发展面临的突出问题提出发展措施；同时，提出了青年马克思主义者培养工程、青年社会主义核心价值观培养工程、青年体质健康提升工程、青年就业见习计划、青年文化精品工程、青年网络文明发展工程、中国青年志愿者行动、青年民族团结进步促进工程、港澳台青少年交流工程、青少年事务社会工作专业人才队伍建设工程等10个重点项目。这是国家关注青年发展的顶层设计，凸显国家对青年发展、成长的高度关注。高校必须领会精神，按照规划的决策部署积极开展工作，为青年学生的发展保驾护航。

面对新的发展机遇和国家的顶层规划，新疆及兵团教育主管部门应通过改革创新不断调整和完善高等教育层次、转变高等教育发展方式，科学设置学科布局，不断提升新疆高等教育质量，以满足新疆跨越发展和长治久安对各类人才的需要。各类高校也要抢抓机遇，认真谋划，结合自身的办学特色和社会需求，真正把“立德树人”这一根本任务融入到学校改革发展的全过程，用更加长远的眼光和科学的判断做好决策规划，坚持立德树人这一根本任务，认真贯彻学生为本的理念，扎实做好人才培养工作，确保新疆社会稳定和长治久安。

三、国家和政府要做好顶层设计加速推动职业生涯规划教育进程

（一）加强国家立法为职业生涯规划教育提供法律保障

美国是世界上最早开展职业生涯规划教育的国家。联邦政府早在1917年颁布的“史密斯休斯法案”（Smith-Hughes Act）指出，要大力发展与职业指导相关的教育，并为其开展提供的基金。在政府的关注与协助下，职业指导逐渐成为了美国教育体系的附属部分。1977年，美国政府出台了“生涯教育激励法案”（Career Education Incentive Act）促进生涯教

育改革的开展。在20世纪70年代，美国的50个州全部在州教育局中安排了生涯教育协调者，指导生涯教育改革的实施。在其影响下，1982年，美国联邦政府通过了“工作训练协作法案”（Job Training Partnership Act），以提升青少年的就业能力，从而提高个体社会生存能力。1982年联邦政府颁布了“职业训练协作法案”（Job Training Partnership Act）再次强调通过注重职业技能培养的专业化职业教育，满足社会职业的需求。1994年，克林顿政府“学校到工作机会法案”（School To Work Opportunity Act，STWOA）的颁布，使得20世纪90年代“学校到工作”（School To Work，STW）运动的全面展开，美国学校中职业生涯教育的开展，尤其是高校中职业生涯教育的开展再度成为了各界关注的热点。在90年代，美国政府先后颁布了三项重要的法案，即1990年的“帕森斯法案Ⅱ”（CarlD·Perkins Vocational Education and Applied Technology Education Act Amendments of 1990），1994年的“从学校到工作机会法案”（School to Work Opportunity Act，STWOA）以及1998年的“帕森斯法案Ⅲ”（CarlD·Perkins Vocational-Technical Education Act Amendments of 1998）来促进STW运动的开展。

英国的国家政策对职业生涯教育也起到了决定性的指导作用。2003年，新西兰教育部发布了《新西兰学校中的职业生涯教育与生涯辅导》（Career education and guidance in Newzealand schools）。在澳大利亚，职业生涯教育委员会（Ministerial Council for Education，Employment，Training and Youth Affairs，MCEETYA）是指导职业生涯教育开展的主要机构。该机构指出，职业生涯信息系统是一个广泛运用的系统，它与学校、用人单位相结合，是构架学生由学校到社会的桥梁。

纵观发达国家职业生涯规划教育的发展进程，我们可以清楚地看到西方国家从立法的层面对推动职业生涯规划教育工作给予了高度重视。同时能结合本国经济社会发展的不同时期进行科学调整，不仅对高校职业生涯规划教育做出了明确部署，同时要求企业、社区、各级政府在学生实习、实践、就业的全过程给予必要的支持，从而保证职业生涯规划教育的连续性，也使得各级教育培养的人才能与社会发展紧密对接。

借鉴西方发达国家的基本经验，我国应该根据经济社会发展的实际，将职业生涯教育和相关的公共服务体系纳入到国家相关的法律范围。2007 年 8 月 30 日第十届全国人民代表大会常务委员会第二十九次会议通过《中华人民共和国就业促进法》，这是我国为促进就业，促进经济发展与扩大就业相协调，促进社会和谐稳定而制定的法律。除此以外，国家还应该会同教育部、人力资源和社会保障部、民政部、科技部等部门，整合生涯教育领域、人力资源开发领域的专家学者和实业界精英参与制定国家生涯教育的政策方针。比如，教育部负责在校学生的生涯教育工作，研究制定从幼儿教育到大学教育全过程的生涯教育内容、规范、课程和评价体系，在高校建立生涯教育的学科专业、制定生涯教育从业人员的资格准入和晋升制度，形成一个全面、系统、科学的职业生涯教育体系。民政、人力资源和社会保障部门负责在职就业人员的生涯教育和服务，如引导毕业生开展创新创业，鼓励社会和企业为青年学生提供实践平台，做好毕业学生的培训指导，提供就业创业的资金和政策支持，维护青年学生的正当权益等。各级地方政府也可以制定符合本地区实际情况的职业生涯规划教育地方法规，调动社会各个层面的资源为人才的成长和发展提供支持。

在加强国家立法的同时，更新教育理念，强化舆论宣传也是开展职业生涯教育工作的重要环节。当前，国家非常重视大学生就业工作，每年都要出台很多政策文件来加强大学生的就业工作，其中关键词多以“就业指导”“就业创业”“创新创业”“扎根基层”“西部计划”“志愿服务”等最为常见，这些称谓更多体现了国家意愿和就业的结构性需求，但工作的推动和落实必须从教育的纬度设计好职业生涯规划教育的板块和内容。因为职业生涯规划教育的外延更广，不仅包含就业指导，还包括心理健康教育、职业发展指导、创新创业教育等不同内容和层次。希望今后的就业指导工作多在职业生涯教育、职业生涯体验方面多做设计和规划。这既有利于全社会对“职业生涯规划教育”的关注，也有助于生涯教育的拓展，更好地诠释高等教育理念，营造一个关注“职业生涯规划教育”的良好氛围，为各项教育工作的推进奠定舆论和思想基础。

（二）结合中国的文化传统和价值观，制定本土化的职业生涯测评体系

19 世纪 70 年代至 20 世纪初，美国从农业国迅速发展成为工业国。这

一巨大转变引起了一系列的社会效应：世界各地的移民涌向美国，农民涌向城市，毕业学生的数量激增，造成了一定程度的就业压力，这些变化最终导致职业辅导的产生。现在职业规划理念已经深入到社会的各个阶层，而且有机地融入到教育教学的各个阶段和环节，在个人的成长和发展中发挥了巨大作用。由于职业指导、生涯规划最早是从西方国家产生的，因此带有明显的西方文化和价值取向。我国的职业生涯规划教育起步较晚，很多人对职业生涯规划的认识和理解还不到位，在具体实践中也缺乏经验积累。最近十年虽然在高校得到了快速发展，但有关职业生涯测评量表和分析模型多是直接借用西方资料，并没有充分结合中国的文化背景、人格特征和价值观念来做具体研究，测试的结果往往会出现偏差。由于中国地大物博，人口众多，不同区域其民族构成和经济发展水平都有较大差异，很难用单一量表和常模来测试所有的群体，必须从国家层面动员和整合力量，研究制定符合我国国情、符合中国文化特质和价值取向的职业生涯测评量表和分析常模，并在此基础上，考虑按照不同年龄、区域和民族来进行量表和常模的细化，积极开展职业生涯规划的本土化研究，这也是当前我国职业生涯规划教育持续推进必须解决的问题。同时，还有必要组织相关教育工作者编纂相关的职业词典、书籍、教材，为职业生涯规划教育做好基础建设。

四、新疆教育主管部门应加强职业生涯规划教育统筹规划

（一）把思想政治教育和职业生涯规划教育有机融合，强化公民意识

大学生是十分宝贵的人才资源，是民族的希望，是祖国的未来。加强和改进大学生思想政治教育，是为了提升广大青年学生的思想政治素质，培养成中国特色社会主义事业的建设者和接班人，这对于全面实施科教兴国和人才强国战略，确保我国在激烈的国际竞争中始终立于不败之地，确保全面建成小康社会、加快推进社会主义现代化的宏伟目标，确保中国特色社会主义事业兴旺发达、后继有人，具有重大而深远的战略意义。

在新疆、在兵团，革命先辈和各族群众给我们留下了宝贵的精神财富，“爱国爱疆、团结奉献、勤劳互助、开放进取”的新疆精神和“热爱祖国、

无私奉献、艰苦创业、开拓进取”的兵团精神激励着一代又一代的青年学生。我们要继承老一辈留下的红色基因，把广大青年学生的需求和国家的发展紧密联系在一起，让各族青年感受到自我价值的实现与国家的发展紧紧相连。同时，国家的发展壮大带给自己更多的获得感和幸福感，从而让各族青年自觉、主动地去关心国家发展，投身社会建设。这就是职业生涯教育和思想政治教育充分融合后需要达到的效果。

马克思主义哲学告诉我们，事物是普遍联系的，思想政治教育与大学生职业生涯规划教育也是紧密相连的。思想政治教育对大学生进行职业生涯规划具有指导、定向、调节和激励的功能。同时，职业生涯规划教育也是思想政治教育的重要内容和组成部分。两者在教育的目标上是一致的，都是把学生培养为社会主义事业的接班人。两者在教育的内容上也有交集，思政教育中的世界观、人生观、价值观教育和职业生涯规划教育中的自我认知、社会认知有很多交集。当然思政教育更注重学生品德、观念上的塑造，而职业生涯规划教育是在确保学生品德端正和价值观正确的基础上，对学生职业选择和能力的提升，二者相互依存又互为补充。

当前新疆工作的总目标是社会稳定和长治久安，在教育领域落实总目标的过程中，我们必须结合新疆经济社会发展的实际和多元民族文化的背景，强化国家认同、民族平等、民族团结，弱化民族差异，把公民意识融入到思想政治教育和职业生涯规划教育的全过程。所谓公民意识，是指公民个人对自己在国家中地位的自我认识，也就是公民自觉地以宪法和法律规定的基本权利和义务为核心内容，以自己在国家政治生活和社会生活中的主体地位为思想来源，把国家主人的责任感、使命感和权利义务观融为一体的自我认识。它围绕公民的权利与义务关系反映公民对待个人与国家、个人与社会、个人与他人之间的道德观念、价值取向、行为规范等。这既是思想政治教育的主要内容，也是职业生涯规划教育的重要组成部分，必须给予高度关注。

（二）在基础教育和高中阶段教育科学设置职业生涯规划教育内容

美国著名生涯学者舒伯（Super）将个人生涯发展阶段划分为成长、试探、决定、保持与衰退五个阶段。其中：成长期（growth）0～14 岁，这一阶段主要发展任务是熟悉周围生存环境，获得自身生存必需的知识和经验，培养健康的身体和心理素质，形成基本的生活和学习能力；试探期（exploration）15～24岁，这一阶段主要是建立个人生活方式，确立人生理想目标，学会与人交往与竞争、选择适合自己生存与发展的职业，并创造实现自身价值的条件。按照舒伯的人生生涯划分，基础教育和高中阶段教育是生涯发展的试探阶段，也是人生发展最关键的阶段。无论对其人生发展还是青春期的学校教育来说，都有绝对性的需求，在对其正确人生观、价值观、职业观的培养，以及对于学生以后的就业过程当中，能起到至关重要的作用。因此，按照“以人为本”的教育理念，从每一个人的个体需要和长远发展来看，从全面加强职业生涯规划教育的总目标来看，进一步加强基础教育中职业生涯规划教育的内容是大势所趋、必不可少的。

其实早在1994年，国家教委基础教育司就颁布了《普通中学职业指导纲要（试行）》，对普通中学的职业指导做了一定要求，对中学职业指导的一系列内容作了详细规范，比如职业指导的原则、目标、内容、方法等。2001年6月，教育部印发的《基础教育改革纲要（试行）》中也曾经强调要密切学校与社会的联系。从小学至高中阶段都要让学生了解社会职业分工，让学生初步形成与职业相关的一些技能，城市普通中学也要逐步开设职业技术课程。在2006年实施的新一轮课改中，在普通高中教育的培养目标中更是明确提出了培养学生职业技能，强调要使学生拥有健康的心态，能正确认识自己，了解自己，提高自己的职业意识和人生规划能力，学会团结合作、学会选择等。但高考的指挥棒一直在发挥着作用，高中教育主要还是围绕高考、围绕上线率、重点率开展工作，有关生涯教育的内容一直被忽略，没有受到重视。基础教育也在围绕中考开展工作，这个教育“金字塔”把学生、家长和教师都带上了唯分数至上的独木桥。现在国家的高等教育已经迈入了大众化的阶段，大学生身上以往的政治优越感已经越来越少。随着高考招生制度改革，千军万马挤独木桥的现象会越来越少，学生和家长的观念更加开放，社会对人才需求也更加多元，这就需要我们重新回归教育，在基础教育、高中阶段教育尊重每一个个体的需求和发展，遵循人才成长的规律，在学生发展的每一个阶段引导他们认识自己、认识职业、认识社会、认识世界，教育即生活。

各阶段关于职业生涯规划教育的内容可以考虑：小学阶段开设职业启蒙

课程。通过课程教学和参观体验，让小学生对各类职业角色有一个初步的认识了解，培养学生的兴趣爱好。初中阶段开设自我探索的启蒙课程。帮助学生认识自我，进一步拓展学生的兴趣爱好，提升个人能力。帮助学生了解职业领域的各种活动，思考将来的个人发展，做好继续接受教育或进入社会的准备。高中阶段开设职业决策的启蒙课程。因为高中阶段的学生，面临着升学或进入社会真正意义上的选择，也是学生“三观”形成的重要阶段，要引导、鼓励学生结合自己的实际做出清晰的判断。继续升学读书的目的是什么，如何选择高校和专业；如若进入社会，该如何培养一技之长，该如何考虑未来的个人发展等等。这一阶段的职业生涯规划教育至关重要。高等教育阶段开设系统的职业生涯教育课程，引导学生结合专业、职业和个人特点进行系统的自我探索、专业探索、职业探索、职业决策和形势政策分析。因为大学阶段所接受的教育在很大程度上影响学生今后的发展，是个人的世界观、人生观和价值观形成的重要阶段，需要给予系统的指导。

进一步加强基础教育和高中阶段的职业生涯规划教育内容，还需要政府做大量的工作。第一，国家和自治区、兵团需进一步加强对新疆基础教育的资金投入，尤其是加强南疆基础教育的资金投入，不断改变新疆基础教育的环境。培养一大批综合素质过硬的双语教师队伍，充实到基层教育战线。增加在编教师数量，不断提高基层教师待遇，提高在学生奖助学金的金额，从政策、制度上确保新疆基础教育和高中阶段教育的稳步发展。尤其是对南疆的高中教育需加大投入。第二，政府应该积极开展研究工作，编写符合新疆特色的生涯教育教材，开设系统的生涯教育课程。尤其是高中阶段开设的生涯教育课程，增加必要的选修课程，把培养学生的职业意识、生涯意识和社会公民意识作为普通高中教育重要目标。同时，应该在普通高中增设职业生涯导师的人员编制，对学生进行生涯指导，做好学生思想政治教育，为学生报考大学提供咨询指导，对学生的职业发展给予必要引导，还可以联系疆内外的高校开展参观和夏令营活动，到知名的企业访问交流，把生涯教育的知识与能力、过程与方法、感情与态度和价值观融为一体。帮助学生在充分认识自我、了解社会的基础上，帮助学生把文化知识、价值观念、职业愿景、理想信念融合在一起。第三，继续巩固内初班和内高班的教学模式和成果。新疆自 2000 年开始在内地一线城市设立内高班，每年接纳 1 000 余名来自南北疆的少数民族学生进行学习。2005 年招生规模达到 3 075 人，就读城市由 12 个增至 25 个，办班学校由 15 所增加到 35 所。2007 年招生规模达 5 000 人，办班城市达 28 个，办班学校增至 51 所。多年的实践取得了丰硕的成果，少数民族学生的汉语言水平得到很大提升，同时对多元文化的理解和认同更加深刻，对国家和社会发展的现状有了全面的了解，其公民意识不断增强，对自己的未来发展也有了更加清晰的认识，这为少数民族学生今后职业发展提供了良好的实践平台。此项教育政策是中国现代教育史上一次大胆的尝试，呈现出良好的发展前景，今后应该积极总结经验，不断完善，充分利用内地的优质办学资源为新疆少数民族学生的成长提供帮助。

（三）积极调整以就业率为核心的就业评价体系

每一所高校在自身发展的过程中，由于所处的地理位置，所属的行政区划，所处的社会环境不同，其发展的进程是各不相同的。再加上不同的师资构成、不同的学科布局、服务地方经济的能力差异，其办学定位、办学理念和办学特色也是有很大差异的。正是因为每一所高校存在着客观差异，所以对每所高校的评估标准和考核体系也是不一样的。但在学生就业的环节，其考核的指标基本一致，即以学生的就业率为就业评估体系考核的核心指标。教育系统的就业评价体系普遍以“就业率”的高低简单进行高校间排名。这显然忽略了高校办学定位、办学层次的差别，这样的硬性比较不利于高校人才培养目标的充分落实。

教育主管部门要根据高校的不同类别，设置科学合理的就业评价体系，打破以就业率为考核就业工作的核心指标，增加对就业工作质量和内涵的考核，如考察毕业生的就业结构、就业层次，即进入公务员、事业单位的学生比例，进入世界 100 强或国内 100 强企业的学生比例，进入省属重点行业、企业学生比例，考上重点院校研究生、博士生的比例，出国深造的学生比例，结合专业自主创业的学生比例等；还可以从学生的就业满意度，如专业是否对口，薪资待遇、发展空间、学习培训是否达到预期；用人单位的满意度、学生家庭的满意度来综合评价一个高校的就业工作。在当前新疆社会稳定和长治久安总目标的指引下，高校内地生源的留疆率，毕业学生到南疆、到基层就业的比例，更能反映出高校在服务地方经济发展和社会稳定中的支撑作用，是否也可以作为高校人才培养、就业评价的指标。

新疆的高校总体数量不多，发展不平衡。客观上存在的差异需要不同高校制定符合自己的就业评估体系。教育主管部门更应该站在长远发展的角度，科学制定就业评估体系，打破传统思维，打破以往的数字枷锁，不断拓展评估内容，积极鼓励各高校以社会需求为导向，以服务为宗旨，积极调整专业配置，创新人才培养方案，结合自身的办学优势，科学定位自己的办学理念，为社会培养更多优秀人才，使就业工作从简单追求就业率转向就业质量、毕业生就业满意度和社会认可度的内涵发展。因此，制定符合高校人才培养目标，加强社会需求人才评价体系构建应该坚持以下原则：

1. 坚持定量指标和定性指标互为补充的原则

目前来看，就业率这一指标对提升高校人才质量仍发挥着一定的作用，但并不是说就业率达到100%就证明人才培养质量达到最好。“一次就业率”或“年终就业率”只能反映出某一阶段就业人数数量的情况，不能对整体就业的质量作出科学评价。要想不断提升高校人才培养质量，还要从不同维度设置评价标准。教育主管部门在考核高校就业工作质量时，可以根据高校的办学定位和培养层次，设置一定基准的就业指标，如以各高校的毕业率和学位授予率的90%作为考核工作基准，同时兼顾学生就业层次、起薪均值、就业区域分布、学生自主创业比例、学生就业满意度、学生职业发展稳定性、用人单位对毕业生认可度等，都可以作为定性指标进行综合评价。这样的定性指标，更有利于高校发现学生和用人单位的实际需求，不断调整人才培养方案，提升人才培养质量。

2. 坚持对学生的过程培养与就业结果相结合的原则

高校毕业生就业工作评价是一种综合性、过程性的评价，我们必须辩证地看待就业过程与就业结果的关系。过程与结果是一个有机的整体，仅看就业结果，不注重过程总结和对毕业生未来的发展都是不科学的。没有过程的积累，很多工作就停留在表面，难以落实到位。因此，我们在进行评价时还应对就业工作的保障机制、人员配备、课程建设、经费投入、就业跟踪、校友回访、企业捐赠、用人单位评价等全方位的工作内容进行权衡。有了工作过程中各个环节的保障和支撑，最终的就业结果应该是令人满意的。

3. 坚持高校自评、毕业学生评价、政府抽查、第三方监督相结合的原则，建立多层次的就业评价体系

《国家中长期教育改革和发展规划纲要（2010—2020）》中提出，要对教育质量评价和人才评价的制度进行全面的改革，具体由政府相关部门、高等院校、社会三个层面一起参与。作为高校自身来讲，客观真实地统计和分析各个专业学生的就业数据，如初次就业率、年终就业率、升学率、专业对口率、就业层次、就业地域分布、应届毕业生工资水平、社会保障水平、职业胜任能力、创业率、创业规模、离职率、毕业生对学校教学评价、用人单位对毕业生的定期反馈等，这些都是高校提升人才培养质量、改进教学非常重要的工作，而且是一项长期的、动态的、复杂的调研工作。政府部门应对高校上报的各种就业数据进行督查，审核其数据的真实性，同时还应借助各种渠道如工商、社保等环节自下而上地收集各种有关毕业生的就业信息，也可以委托专门的咨询公司，针对高校毕业生的就业情况进行跟踪调查。更重要的是在顶层设计上，从跟踪管理、服务保障等环节，建立完备的劳动就业保障体系。即给每一个学生建立唯一的劳动就业保障识别系统，可以全程了解一个毕业生整个职业生涯的变化情况，这对高层次人才的发展和培养将具有重大意义。社会组织的评价主要是依托专业的咨询机构考察不同高校之间毕业生的就业率、工作单位层次和专业对口度、工资收入、跳槽情况等，进行高校间横向比较。或者由不同的行业协会和社会团体，定期总结发布本行业人才质量调查报告，全面分析不同高校毕业生在近3～5年发展变化的情况，这些信息经教育主管部门核实后，定期向社会发布。

（四）充分发挥高校职业生涯规划教育的主导作用

职业生涯规划教育的发展历史虽然不长，刚刚走过一个世纪，但也就是在这最近的一个世纪，全世界有了翻天覆地的快速发展，社会经济的发展达到了前所未有的速度，这其中的发展动力是人才的快速成长。从美国提出的“STC”理念，到德国的“动态性职业指导”，再到加拿大的“职业顾问指导”，以及日本的职业生涯指导列入学校的教育计划，澳大利亚、英国、瑞典、韩国等纷纷将职业生涯规划教育渗透到教育领域的各个层面，这俨然已成为国际潮流，成为世界高等教育发展的基本共识。职业生涯规划教育不仅

是高校在当前社会形势下的一种应对，更是高校主动顺应时代发展所作的一次人才培养模式的深化和转变，也是高校践行素质教育和全面发展教育理念的具体化[①]。

当前，我国的高中阶段和基础教育阶段的生涯教育还没有全面推开，目前在北京、上海、南京、武汉等一些大城市正在进行试点。大多数省份在基础教育和高中阶段教育还是在以升学率作为工作的重心，虽然增加了素质教育的内容，但与生涯教育的内涵还相差甚远。新疆的各阶段教育也没有设置职业生涯规划教育。在这个阶段内，必须发挥高校在职业生涯规划教育中的核心和主体作用。其教育的目标和内容应该是：坚持以人为本的教育理念，在充分尊重学生自我发展的基础上，在认知层面，帮助学生充分了解自我，认识专业和与专业相符的职业、行业及产业的发展，并结合社会发展的需要做好职业目标的确定，并为人职匹配做好充分准备；在知识储备方面，结合职业生涯规划的相关理论体系和原则程序，以个人职业兴趣为基础，在兼顾专业学习的条件下，帮助学生构建多元的、开放的知识体系；在技能方面，结合专业人才培养的要求，积极培养学生的分析、决策、沟通、协调、适应、发展的能力；在职业价值观方面，帮助学生不断增强职业价值认同、职业归属感。从而达到高等教育充分发展，教育资源相对均衡。

（五）制定政策大力培养职业生涯规划教育专职队伍

职业生涯规划教育队伍的素质是职业生涯规划教育工作开展好坏的关键。专业的职业生涯规划指导队伍是开展职业生涯规划工作的基础和保障，从事大学生职业生涯规划教育的工作人员扮演的角色不但是“知识的传播者”“生涯设计指导者”“职业工作介绍者”，而且还是“心理辅导员”“团体的领导者”“家长的代理人”“劳动力市场信息者”。面对职业生涯规划教育工作人员所扮演的多重角色，所肩负的多重任务，《教育部关于进一步加强普通高校毕业生就业指导服务机构及队伍建设的几点意见》中强调：“高校必须建立并健全毕业生就业指导服务机构，在办公条件、人力资源等方面给

① 朱炎军、李爽．高校人才培养框架下的职业生涯规划教育目标——兼论高校职业生涯规划教育的课程设置［J］．教育发展研究，2012（13）．

予充分保证。要尽快提高就业指导教师队伍的整体素质，按照1∶500的比例配齐配全生涯指导教师，把教师队伍建设摆在高校师资队伍建设的重要位置，努力提高就业指导和生涯教育队伍的专业化和职业化水平。”教师的培养工作是确保大学生职业生涯规划的实效性和可持续性的关键。大学生职业生涯规划指导充分体现高校的教育职能。它既是一项神圣的事业，又是一项专业性强的工作。打造一支科学化、专业化、专家化的职业生涯指导队伍已经成为高校职业生涯规划工作的当务之急。因此，自治区和兵团相关职能部门要研究制定高校就业指导工作人员专业化、职业化发展的具体政策。在职称评审、学历提升、进修学习、交流挂职等方面要有态度、有政策，让一批具多元知识背景、熟悉学生工作和就业市场、了解社会人才资源供需变化、具有强烈责任感和事业心的老师成为专业的大学生“职业领航师”。

（六）认真研究少数民族学生职业生涯规划教育的具体内容

在新疆大力发展基础教育的同时，应该在不同的教育阶段增设职业教育、生涯教育的内容，把少数民族的优秀文化成果和社会主流文化融会贯通，把思想政治教育和职业生涯教育紧密结合，构建特色鲜明、循序渐进、内容丰富的职业生涯规划教育体系，对未来新疆经济社会的发展意义重大。

具体来讲，应该从幼儿教育、小学教育、中学教育和高中教育的不同阶段，有针对性地开展工作。幼儿教育作为人生的启蒙教育，对幼儿将来的思维方式、道德品质以及发展前途有着重要的影响。在新疆这样一个多民族的地区，幼儿教育显得尤为重要。家庭式、单一、封闭的教育方式存在很多的弊端，应该为少数民族的幼儿教育创造更好的环境和条件，特别是要将多元文化教育纳入到幼儿教育当中，通过对幼儿进行多元文化教育，使各民族人民从小就形成相互尊重、相互学习、相互认同的价值观。新疆幼儿教育的发展应注意以下几点：第一，实施幼儿混合编班制。即让汉族幼儿和其他民族幼儿穿插于同一个班级里，使不同民族的幼儿通过相互玩耍，增强他们彼此的认同感。第二，加强对幼儿的双语教育。幼儿接受非母语的能力较强，通过对幼儿进行双语教育，使各民族的幼儿初步了解其他民族的文化。第三，要定期组织学生家长参与学校的教学和文化活动，让家长关注教学、关注孩子成长，并且通过家校联系的制度，逐渐引导学生家长接触主流文化，建立起开放、包容的教育理念。第四，在丰富多彩的学习生活中，积极培养孩子的兴趣爱好，将不同民族的舞蹈、音乐和民族风情融入其中，让幼儿从小了解不同民族节日的由来以及风俗习惯，不仅能够使过节的民族学生增强自豪感，也可以使其他学生在节日中学会尊重，和睦相处。

在小学阶段，可以通过丰富多彩的教学形式，将爱国主义教育纳入教育当中，使各民族学生了解中国的过去和现在，了解新疆的风土人情和历史文化，增强各族学生对祖国大家庭的归宿感。双语教学的内容还须常抓不懈，因为语言能力的提升会扩大少数民族学生的交往范围，也会影响学生的思维模式，教学过程中要善于创造语言环境，通过外出开展参观、学习交流、角色扮演、演讲等活动，让少数民族学生后期的学习打下好的语言基础。

初中和高中的教育非常关键，因为这一阶段是孩子成长的重要阶段，是其心理、生理和价值观逐渐成熟的时期，而且部分学生还要面临人生的重要转折。部分学生中学毕业后可能会选择中等、高等的职业技术学校，也会有一些优秀的学生参加内初班和内高班的学习，今后也进入到普通高中或高校，这样的分流和变化，需要帮助学生提前了解。因此，这一阶段的职业教育内容需要加强。课程中除了将具有新疆特色的屯垦戍边文化以及各少数民族的优秀文化纳入到基础教育课程中，还要不断强化民族团结教育、民族认同教育、爱国教育，让各族学生认识到新疆自古以来就是中国的一部分，新疆的建设和发展离不开各族人民共同的努力。最关键的是加入职业生涯教育的相关内容，如兴趣、能力、性格、价值观的自我探索教育，新疆经济社会发展的形势政策教育，职业素质和技能教育等，帮助学生更好地应对社会变化，为高素质人才的培养打下坚实的基础。

当前，新疆少数民族大学生的就业工作事关新疆经济发展、社会稳定和民族团结的大局，既是经济问题、社会问题，又是一个重要的政治问题。要从根本上解决好少数民族群体的就业和发展问题，前期的基础教育必须加强，否则，政府始终会处在一个被动的角色，不断地去应对和解决新的问题，而不能从根本上扭转这一局面。毕竟教育是一个连续的、循序渐进的过程，缺少了任何一个环节的教学内容，对每一个人来讲都是有很大影响的，而这些影响一定会在今后个人发展的某个环节凸显出来。

（七）优化新疆公共就业服务网的功能，更好地整合资源

随着经济社会的快速发展，信息技术正以前所未有的发展速度渗透到我们日常生活、工作、学习、发展的各个领域。在 2015 年 3 月 5 日第十二届全国人大三次会议上，李克强总理在政府工作报告中首次提出“互联网＋”行动计划。简单来说，就是充分发挥互联网在生产要素配置中的优化和集成作用，将互联网的创新成果深度融合在经济社会中的各个领域，提升实体经济的创新能力和生产能力，形成更广泛的互联网为基础的经济发展新形态，它具有打破信息不对称、降低交易成本、促进分工深化和提升劳动生产率的突出特点。未来教育事业的发展也必须借助信息化的手段积极探索教育领域的“互联网＋”新时代。当前，借助网络优势将高校、大学生、政府和众多的企业联系在一起，共享人才资源，共享发展机遇已经成为社会各界的共同诉求。部分高校已经与政府、企业建立起长期的、互惠的、共享的网络发展平台。

重庆职业教育城就业联盟是指由重庆市教育委员会、永川区人民政府指导，重庆文理学院牵头成立的以重庆职教城 29 所大中专职业院校毕业生就业为内容的工作互助联合体，是由永川区各大中专职业院校自愿组成的非营利性质的社会团体，是为广大毕业生和用人单位提供支持与服务、促进人力资源优化和高效率配置的社会公益组织。其核心目的就是要整合永川区大中专院校的资源，使资源共享，优势互补，提高各大中专职业院校的就业率。2004 年以来，永川区已经形成了“城校互动”的职教模式，即城市以职教为特色，职教以城市为依托，校区建设与城市发展融为一体。2011 年，职业教育拉动永川 GDP 增长 12 亿元，促进增加固定资产投资 25 亿元，直接消费达 15 亿元以上①。

中国高校就业联盟网就是由武汉理工大学就业指导中心于 1998 年创办，是全国首家由教育部直属高校就业部门创办的人才服务机构。专业从事学生就业、企业校园人才招聘和高校就业信息网络平台建设服务。中国高校就业

---

① 重庆晨报．城校互动永川打造中国职业教育第四模式［EB/OL］．2012－06－08．http://cqqx.cqnews.net/html/2012－06/08/content－16408128.htm.

联盟网 2000 年 11 月正式上线，是华中高校大学生就业市场旗下主要运营管理的为学生提供就业信息服务的网站平台。此项工作 2005 年得到原教育部周济部长在全国高校就业工作会议中的肯定。这些网络平台之所以发挥了巨大的作用，提供了人性化的、互动式的、全方位的就业指导和服务模式，完全打破了地理上的、时空上的、行业间的界限，为求职者、高校、用人单位和政府提供了充分交流的平台。

新疆地处祖国的西北内陆，经济社会发展水平较内地和东南沿海地区来讲还存在较大的差距，借助成熟的网络技术，搭建一个多维的，由政府、高校、企业和各类人才共享的网络交互平台，不仅能为新疆经济社会的发展助力，也是进一步推进高校职业生涯规划教育非常有效的途径。

目前，新疆所有的高校都在自己的官方网站上设立了自己的就业板块，主要内容是定期发布各类用人单位的招聘信息，宣传介绍相关的就业政策，一些高校还购置了锦程、吉讯等网络测评系统，用于在校学生平时的职业规划测评，帮助学生更好地开展职业规划教育。很多用人单位需要招聘毕业生，则需要提前和高校联系，经审核后将相关的招聘信息发布在高校的就业网站上，然后在指定的时间和地点来进行校院招聘。每年自治区教育厅还会专门安排一个时间段，一般在两个月内，按照一定的顺序将各高校组织的大型招聘会集中向社会发布，便于高校、毕业生和用人单位相互选择。当前这种条块化的、各自独立的、单项的信息传递已经很难满足各方的需求。大学生不能借助统一的网络平台深入了解社会需求、行业发展趋势，对自己的职业发展目标很难进行比对；用人单位不了解高校人才培养的现状，不清楚高校的学科专业优势；教育主管部门和各级政府对人才的供给双方不能准确把握，由于多方的信息沟通出现问题，在一定程度上加重了高校人才培养和社会需求的结构性矛盾，造成了人才资源的损失。

2013 年 12 月 10 日，新疆公共就业信息网（http://www.xjggjy.com）正式开通运行。这是由自治区公共就业服务局主办，版权归自治区人力资源和社会保障厅所有，集求职者、用人单位、就业主管部门于一体的就业信息门户网站。作为新疆最权威的公共就业服务网站，就业信息网上发布的信息具有“真实、权威、方便”的特点。网站开辟有：就业咨询、政策法规、就业促进、求职招聘、职业中介、自主创业等栏目，以及求职者、单位、主管部门、大中专院校四个专区。除发布求职者个人信息和用人单位需求信息外，还承担了毕业生与用人单位网上双选、签约、解约、派遣、改派、报到、档案查询以及统计等多项服务功能。学校、毕业生、单位、主管部门均可登录本网站。这一网络平台的搭建标志着新疆一体化人才共享机制的建立。但与内地高校的就业联盟相比较，新疆公共就业服务网的官方色彩更浓，其模块和功能的设定主要还是便于就业部门的信息收集、汇总，实现网上就业签约。网站的主要作用是对各高校学生就业数据的抓取、汇总和统计，各类信息主要在高校和上级主管部门独立传递，学生的求职意愿、就业状态、企业的用人需求、各级政府出台招聘政策、各高校之间的就业工作等信息都没有很好地共享，这使得网站在学生和用人单位中关注度较低，影响力不大，与内地高校打造的学生、企业、政府间的就业联盟还存在一定的差距，需要结合实际及时升级，为高校、学生、企业、政府搭建换一个全方位、互动式的就业平台。

五、新疆各高校要结合自身特点创造性地开展职业生涯规划教育工作

（一）更新教育理念，科学设置职业生涯规划教育和思想政治教育内容

教育工作的改革创新源自于教育理念的转变。教育的本质是对生命个体的尊重与爱，就是为了促进生命个体的健康成长，实现生命个体由自然人向社会人的转化，是对生命的涵养，是丰富自我、提升自我、完善自我的载体。思想政治教育是为了让学生树立正确的世界观、人生观和价值观，把个人理想的实现和社会主义建设事业紧紧相连，为中国特色社会主义建设事业培养合格的接班人。职业生涯规划教育的目标让学生充分认识自我、认识社会，在职业选择和职业发展的过程中树立正确的职业观，最大限度地实现人职匹配，最大限度地挖掘个人潜能，实现个人价值的最大化。两者在教育的内容具有互通性，目标具有一致性，是相辅相成的。两者的融合有助于学生就业观的改变，有利于增强思想政治教育的可接受性、渗透性和实践性，有利于思想政治教育效果的实现。同时，也能进一步确保职业生涯规划教育的方向性和目标的实现，两者相辅相成是一个有机的整体。为此，

各类高校要根据自身的办学特色和办学宗旨，结合学校未来发展和学生的实际，从源头去发现问题，转变教育理念，改革教育内容，不断完善人才的培养过程，把生涯教育作为思想政治教育的切入点，同时把思政教育作为职业生涯教育的领航员，做好顶层设计规划，统筹好教育内容，确保思想政治教育和职业生涯规划教育发挥成效。具体来讲，即建立以学生的职业适应力为基础，培养具有责任意识的合格公民；以学生的职业规划能力为核心，培养具有职业精神和职业素养的专业人才；以职业创新力为目标，培养杰出的行业精英。

1. 以学生的职业适应力培养为基础，培养具有责任意识的合格公民

职业适应力（career adaptability）是一个与个体职业角色的培养、塑造和诊断密切相关的概念。个体始终面临各种职业角色任务，当这些任务发生改变或碰到挫折时，个体能够利用资源并进行自我调节的能力就是职业适应力[①]。它要求个体对自己的职业具有定位、探究、确立、维护和摆脱等内在心理素质，否则将无法开展正常的职业生活乃至社会生活。实际上，职业适应力是个体以职业为界面的社会适应能力，它在实际生活中发挥着自我调节的功能，并通过一系列策略来完成所处的职业群体提出的职业发展任务，以与其他个体一起构建职业共同体。职业适应力强调个体进行自我调整并克服困难以适应不断变化环境的能力或品质，它突出了针对新环境和新情况而不断进行的自我调整，而不是去掌握一些可以预测的或者说是线性连续性上的发展任务。此外，职业适应力可以用于解释准备进入职业或已经进入职业的个体如何调整自我以完成工作角色任务，或者与之相伴的各种无法预测的变化所产生的角色任务。

由于应试教育的强大惯性，还有很多的高中生没有对自我的全面认识、没有对高校的认真了解，更谈不上对自己今后职业发展的考虑和准备，进入高校以后明显地表现出目标缺失的松散状态，很难适应高校的学习和生活。针对自我认知缺失、职业目标不明确的学生，职业生涯教育工作应该放在提升学生的适应力上，具体包括生活环境的适应、人际关系的适应、学习方法

① 赵建平，彭兵，赵菁蕾．国际视野中大学生职业适应力提升研究——以教育部“卓越工程师教育培养计划”为分析对象［J］．高等工程教育研究，2013（3）．

的适应、教学模式的适应、专业学习的适应，以及由此产生的心理适应等。任占忠老师在第一届大学生职业适应研讨会上首次提出了“基于企业为主的各用人单位要求所提出的九方面职业适应能力”，具体包括：思维、道德、健康、目标、态度、学习、人际、表达、技能九项内容的职业适应力构架[①]。这对帮助学生更好地适应大学生活有着很好的借鉴，而且职业适应力教育可以作为惠及所有学生的普及性教育，覆盖所有的学生。同时，在这一阶段，思想政治教育可以结合《思想道德修养与法律基础》必修课程，强化公民意识教育。从公民的国家认同、民族认同、文化认同等方面，强化学生的公民意识和责任意识，自觉 维护国家统一和各民族团结。遵守宪法和法律，保守国家秘密，爱护公共财产，遵守劳动纪律，遵守公共秩序，尊重社会公德。维护祖国的安全、荣誉和利益。还可以结合新疆社会经济发展的实际，融入民族团结教育、爱国主义教育、感恩教育等内容，把“爱国、爱疆、爱兵团”的内容融入教学和实践活动中，用社会主义核心价值观来教育引导学生，坚决抵制宗教极端思想对高校的渗透，引导学生了解国家未来发展战略，了解新疆发展的蓝图、了解学校改革发展实际，树立健康向上、自信乐观的心态。

2. 以学生的职业规划能力为核心，培养具有职业精神和素养的专业人才

随着高等教育的大众化，高校毕业生的就业压力与日俱增，就业的结构性矛盾也显得非常突出。想要改善和提升高校学生的就业层次和就业质量，实现学生的充分就业和高质量就业，就必须充分考虑社会发展、转型过程对人才需求的变化，同时还必须了解学生的职业发展需求，做到二者之间的充分匹配，才能提升就业的质量和就业层次。在此过程中，高校要把学生的职业能力和职业素养放在重要的位置，不断激发学生的专业兴趣，不断提升学生的专业能力，通过理论和实践教学培养学生的职业素养，帮助学生强化职业认同感，更多地了解行业发展、认识社会，以学生职业规划力为核心，培养具有职业精神的专业人才。

所谓职业规划能力是指在充分了解自身兴趣、爱好、能力、价值观和职业发展方向的基础上，对职业发展所涉及的组织环境、行业现状、国家政策

---

① 任占忠，杨扬．本土化职业适应指导体系探析［J］．就业指导，2013（10）．

和社会需求进行全面分析，并根据“人职匹配”的原则进行科学分析、评估和执行，最终实现满足自己的职业理想和社会需求的能力。职业规划力的构成要素主要由信息处理能力、目标执行力、综合评估力三个核心能力所组成。

（1）信息处理能力，是指运用计算机、网络等新媒体平台，通过有效的方法迅速、准确、全面收集所需信息的能力；对信息的评价、鉴别、吸收能力；对信息的感知、注意和联想的能力。大学生的信息分析能力，就是指在学习、工作、科研等活动中，为达到一定的目的或完成某项具体的工作任务，所具有的收集、加工、处理、利用和交流信息的能力。

（2）目标执行能力可以理解为有效利用资源，保质保量达成目标的能力。执行力就是贯彻战略意图，完成预定目标的操作能力。执行力包含完成任务的意愿，完成任务的能力，完成任务的程度。对个人而言，执行力就是办事能力，对团队而言，执行力就是战斗力。

（3）综合评估能力主要是指在目标任务完成的过程中，根据影响因素及环境的变化，对各种条件进行再调整、再平衡的能力。这种能力更侧重于学生心理方面的积极应对和坚持不懈。

3. 以学生的创新创业力为目标，培养具有爱国情怀的行业精英

未来社会的发展关键靠人才，而人才的竞争关键靠创新，具备创新意识和创新能力的人才是社会所急需的。李克强总理提出要在960万平方公里土地上掀起“大众创业”“草根创业”的新浪潮，形成“万众创新”“人人创新”的新势态。为贯彻落实《国务院关于大力推进大众创业万众创新若干政策措施的意见》有关精神，高校必须结合实际积极开展创新创业教育，激发学生的创新思维，培养学生的创新能力，给处在大学生群体中顶尖的优质生源提供更多的支持和帮助，为他们的发展搭建更好的发展平台。同时还要给这些学生注入更多的爱国主义教育，让他们自觉地为国家发展、社会进步贡献自己的力量。因此，高校在人才培养的过程中，一定要因材施教，建立人才培养和发展的金字塔模式。

所谓创新力与一般能力的区别在于它的新颖性和独创性。它的主要成分是发散思维，即无定向、无约束地由已知探索未知的思维方式。按照美国心理学家吉尔福德的看法，当发散思维表现为外部行为时，就代表了个人的创造能力。可以说，创造力就是用自己的方法创造新的，别人不知道的东西。

职业创新力是指在职业发展的具体实践中，能结合自己的知识、经验及自己独特的人格特点，通过创造性的思维对所关注的岗位和行业发展提出与众不同的思路和想法，并积极实践的能力。其核心能力包括创造性思维、创造性人格以及平和的心态与合作精神。

(1) 创造性思维。智能是智力和多种能力的综合，既包括敏锐、独特的观察力，高度集中的注意力，高效持久的记忆力和灵活自如的操作力，也包括创造性思维能力，还包括掌握和运用创造原理、技巧和方法的能力等。这是构成创造力的重要部分。前不久在电视上看到一则淘宝网上售卖“白雪可乐”的新闻报道，主要内容是一些志愿者为了救助身患重疾的白雪，利用网络技术，通过微博平台、淘宝网及中国红十字基金会，在淘宝网上售卖3元一瓶的虚拟的“白雪可乐”，为白雪筹集医疗费用。短短十几天就筹备救助款90万元。我们在感受社会传递的正能量之外，更是敬佩志愿者的救助创意。他们很好地利用了网络的资源，同时抓住了捐助者的特殊心理，简化了捐助程序，把一份份爱心汇聚在一起，开辟了网上救助的新途径。这就是一种典型的创造性思维，相同的资源不同的组合，就会产生意想不到的成功。

(2) 创造性人格。所谓创造性人格，是指主体在后天学习活动中逐步养成，在创造活动中表现和发展起来，对促进人的成才和促进创造成果的产生起导向和决定作用的优良的理想、信念、意志、情感、情绪、道德等非智力素质的总和。它是在一个人生理素质的基础上，在一定的社会环境下，通过社会实践活动形成和发展起来的，是创造活动中所表现出来的创造素质。优良素质对创造极为重要，是构成创造力的又一重要部分。优良的个性品质如永不满足的进取心、强烈的求知欲、坚忍顽强的意志、积极主动的独立思考精神等是发挥创造力的重要条件和保证。总之，知识、智能和优良个性品质是创造力构成的基本要素，它们相互作用、相互影响，决定创造力的水平。

(3) 平和的心态与合作精神。我们当下的社会还存在很多的浮躁情绪和利己主义者，它们对青年学生的影响还是很大的。作为高校来讲，我们应该在社会浮躁的时候保持淡定，在社会功利的时候保持清高，在社会喧嚣的时候保持清醒，在这样的环境中成长和发展起来的青年人才可能会更加清醒地看到社会存在的问题，深入到社会的肌理去发现问题解决问题。否则，我们所培养的人才是无法去引领社会的。在肯定新生代大学生优势的同时，我们也一定要让大学生朋友懂得，一味地强调个性是很难展现出自我最大价值的，学会与人合作比一味强调竞争更有发展的空间。

（二）积极构建高校大学生职业生涯规划教育体系和服务体系

1. 大学生职业生涯规划教育服务体系的内容

职业生涯规划教育是一项集理论性、应用性、实践性、指导性为一体的综合性很强的工作，需要多个部门、多种专业、多类工作人员共同参与。由于学生群体的差异，职业生涯规划教育又是一个有层次、逐层递进的过程。不论是高职院校还是普通高校，其最终的目的就是提高学生自身的可持续职业发展力，促进学生的终身幸福和自由、全面地发展。高校的职业生涯规划教育体系具体来讲可以分为五个层面（图 7 - 1）。

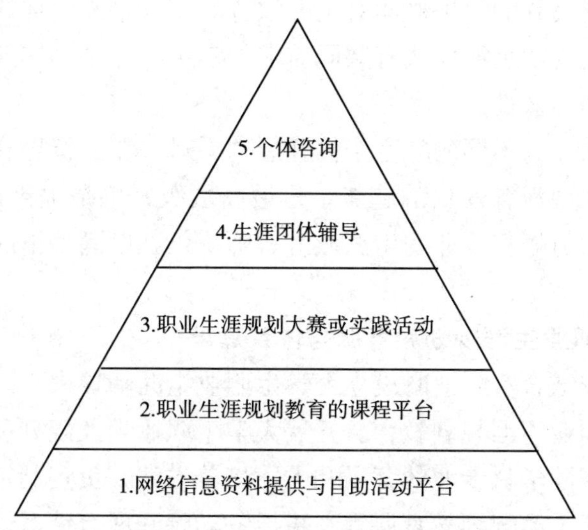

图 7 - 1　高校职业生涯规划教育体系的五个层面

第一个层面：建设网络平台为各类学生提供信息查询和自助服务。这需要学校专门设置职业生涯规划教育的网络平台，内容可以涉及职业生涯规划教育的问答、相关理论、网络测评、在线课程、行业资讯、形势政策、能力提升、考研咨询、出国留学等各类学生所要学的资源，学生通过自己的账号进行信息查阅和自助服务活动，随时进行生涯教育的学习。

第二个层面：按照教育部的具体要求，认真做好职业生涯规划教育的课程平台建设。高职院校和普通本科院校可以根据自身实际科学设计课程内容。高职院校应该注重职业生涯规划教育目标定位的精准化，以市场需求为导向，强化实践教学和体验教育，提升学生的动手能力和参与精神。普通本科院校应该结合各专业的特点，在注重理论教学的同时，强化专业教育，发掘学生潜能，提升学生的职业能力和职业素养。

第三个层面：各个高校要积极营造职业生涯规划教育的氛围，借助各类大赛和活动，让学生有更多机会参与实践，比如组织学生参加职业生涯规划大赛、简历制作大赛、无领导小组的模拟面试等活动，把理论学习和实践活动融会贯通，增强教育的效果，还可以指导学生社团组织开展丰富多彩的职业调查和社会实践活动，丰富职业生涯规划教育的内容。

第四个层面：针对不同的学生群体开展团体辅导工作。因为不同专业、不同年级、不同民族的学生群体对生涯教育的需求是不一样的，团体辅导可以针对不同类别的学生群体或有共同需求的学生群体来具体开展，增强生涯教育的针对性和实效性。

第五个层面：为不同的学生个体开展“一对一”的指导和咨询服务。这也是职业生涯规划教育发展的趋势，是最高层级，也是提供最优质的服务。需要各类高校大力培养专业的生涯教育教师队伍，以满足不同学生的个性化需求。

2. 大学生职业生涯规划教育服务体系建设

（1）各高校结合实际适时设立大学生职业生涯辅导中心。具体职能是统筹学校整体的职业生涯规划教育。开展大学生职业生涯规划和就业指导课程建设。即参考不同学科专业的背景和人才培养方案，负责制定覆盖全校各专业、年级的职业生涯规划教育课程；指导各学院开展有针对性的生涯规划教学内容，不断完善课程教学大纲、提升教学质量；组织落实学校职业生涯规划专业教师队伍建设，主要包括专兼职教师队伍的选拔、培养，制定中长期的教师培养计划，考虑教师队伍的职称评审和职业发展；安排专兼职教师定期开展职业咨询工作，解决学生职业发展的个性化需求。服务的形式可以采取“一对一”的职业咨询和指导，也可以根据不同的学生群体和不同的目标要求，设计和组织有关的团体辅导，解决同学们在自我认知、职业认知、职业决策等方面的问题。同时可以结合咨询的情况，积极开展科学研究，撰写学术论文、进行个案调查、编写教材，申报课题，建设覆盖所有学生职业生涯咨询和指导的网站建设，开发职业生涯规划教育的在线课程，使得生涯教育常态化，不断提高生涯咨询在学校和学生中的影响力。

（2）鼓励各院系设立大学生职业生涯辅导站。由于各院、系在客观上存在一定的差异，仅仅靠大学层面的生涯教育内容是远远不够的。各个学院、专业系应该结合自身的特点，在学生的不同阶段开设不同的生涯教育课程，将生涯教育工作有计划、有目的地渗透到日常的教学管理工作中。其中，院系职业生涯辅导站职责包括：开设专业选修课，按照人才培养方案设计考察、见习和实习工作，强化学生的实践动手能力；为所学专业的学生开展“一对一”的职业咨询服务，通过校友资源和典型个案帮助学生树立专业理想；建立就业分支网络、与学校就业网络互通，实现资源共享；主动联系用人单位，组织招聘活动；协助校级职业生涯辅导中心做好学生材料准备、信息采集、建档及辅导等工作。

（3）将学生社团纳入生涯教育辅导体系。高校学生社团的影响力、渗透力逐渐增大，应当充分发挥学生社团的作用，搭建起学生与社会、学生与职业生涯辅导中心以及学生和学生之间的交流平台。将学生社团组织纳入职业生涯辅导中心的管理轨道，在业务上接受职业生涯辅导中心的指导。职业生涯辅导中心可以协助社团开展诸如创业大赛、职业生涯规划大赛、模拟招聘等活动，还可以举办“大学生职业生涯与发展规划服务月”、“大学生职业素养提升服务月”及“毕业生就业指导服务月”等活动吸引较多的同学参与，通过各种形式的活动将职业生涯辅导工作渗透到学生日常活动之中。学生社团是学校沟通学生、开展职业生涯辅导工作的得力助手。职业生涯辅导中心应积极主动地指导他们工作，以使之纳入学校大学生职业生涯辅导工作计划之中。

（三）做好舆论引导，为职业生涯规划教育营造良好的氛围

当前我国经济发展进入新常态，传统增长动力在减弱，资源环境约束在加剧，要素成本越来越高，必须走转变发展方式、提质增效升级之路。2014年9月的夏季达沃斯论坛上，李克强总理提出：要在960万平方千米土地上掀起“大众创业”“草根创业”的新浪潮，形成“万众创新”“人人创新”的

新势态。2015年李克强总理在政府工作报告又提出："大众创业、万众创新"，并在政府工作报告中如此表述：推动大众创业、万众创新，"既可以扩大就业、增加居民收入，又有利于促进社会纵向流动和公平正义。"在这样的背景下，舆论媒体争先报道有关创业、创新的典型，"双创"的理念迅速渗透到各级地方政府、企业、高校的工作中和创业青年的思想中。

不可否认，"双创"激发了很多企业和有志青年的活力，为社会发展、经济增长和技术升级带来了巨大推力。但在具体工作中还要结合实际，有序推进。在高校，我们要鼓励师生大胆改革创新，转化科技成果，普及创业知识，提升创业能力，这些都是职业生涯规划教育的内容，是其中的重要组成部分。创新是指以现有的思维模式提出有别于常规或常人思路的见解为导向，利用现有的知识和物质，在特定的环境中，本着理想化需要或为满足社会需求，而改进或创造新的事物、方法、元素、路径、环境，并能获得一定有益效果的行为。创业是一个发现和捕捉机会，并创造出新颖的产品，提升服务，实现其潜在价值的过程。个人要善于创业把握市场、认识自我，从而找到适合自己的创业方式。学生想要具备创新创业的能力，需要认真学习职业生涯规划教育的内容。高校想要推动创新创业，必须积极推进职业生涯规划教育，让广大的师生都能关注职业生涯规划教育，参与职业生涯教育，真正把那些有能力创新、创业意愿的学生挖掘出来给予专门的培养。但对大多数的学生来讲，我们需要给予的是职业生涯规划的意识和能力，这才是我们工作的主体，毕竟创新创业的学生还是少数。因此，在大众创业万众创新的背景下，我们的宣传媒体在突出创新创业典型的同时，也要大力宣传职业生涯教育的重要性，让更多的人了解生涯教育、关注生涯教育。尤其是我们的教育主管部门要深入研究生涯教育和创新创业教育的内涵、外延，引导学生科学规划人生、理智参与创业，这是我们教育工作者必须要考虑的。

（四）加强高校职业生涯规划教育专业队伍建设和课程建设

1. 高校职业生涯规划教育工作想要取得好的成效，必须要培养一批专业化、职业化、专家化的职业生涯指导老师队伍做保障

这支队伍的构成，可以从以下层面来考虑。

第一部分为专职人员，主要是大学招生就业处的专职人员和各学院的专职学生工作者，如学办主任、团委书记、专职辅导员和主管学生工作的学院领导。高校要整合现有教育资源，通过派遣到专业培训机构接受业务培训、组织参观学习、开展课题或专题研究等途径，使他们掌握职业生涯规划的知识和程序，特别是要具有职业生涯规划相关的教育学、心理学、社会学、管理学等方面的知识。具备过硬的业务素质，具备合理的知识结构，熟练掌握有关政策法规。除此之外，还应具有较高的思想政治素质、强烈的事业心和进取心，懂得理解关心学生，能够热心地为学生服务。同时，针对职业生涯规划指导队伍建设的长效性，严格制定考核标准，确定指标，加大考核力度，改进考核方法，与其职务、职称挂钩，并根据考核结果进行奖优罚劣。建立一支兼具稳定性和灵活性、素质能力全面的高校职业生涯规划指导队伍，为做好职业生涯规划工作提供必要的人员保障。

第二部分为兼职人员，由各院系的一线任课教师兼任。这部分的教师队伍非常重要，因为他们熟悉专业学生的特点和需求，可以结合自己多年的教学、管理及学生工作的经验，为学生提供“一对一”的指导咨询，满足专业学生的特殊需求。而且还可以借助日常思想教育和教学过程中不断地渗透生涯教育的理念，达到“静水深流、润物无声”的效果。因此，这一部分的教师组成，需要学校层面和学院层面共同来努力。

第三部分为特聘职业导师。有效利用社会资源，通过聘请、兼职等多种形式吸引校外经验阅历丰富的职业规划师、职业经理人、人力资源管理专业人士，不定期来校授课，负责对学生进行集中讲座辅导，提供咨询和辅导服务。借助专业人士的智力和经验优势，为个体的职业生涯规划提供建设性建议，将起到事半功倍的效果。各学院也可以从自己的毕业生中遴选出一些有一定成就、愿意服务在校学生的杰出校友来担任职业导师。这部分校友应该是对母校和学院的培养心存感恩，也非常熟悉本学院教学、管理的实际，更能体会所在学院学生在不同时段的心理困惑和内心诉求，可以根据校友发展的具体行业、岗位、职务，选择合适的人选来担任职业导师。工作开展前，学院要与选聘的职业导师签订相关的协议，明确职业导师的具体工作内容和要求，然后将职业导师分配到相应的专业系，具体开始指导工作。学院做好工作的督导，做好职业导师库的扩充，并定期进行总结评估。这样不仅可以借助职业导师的工作平台加强校友工作联系，拓展学院发展平台，还能帮助学生更好地成长、成才，可谓一举多得。

第四部分是优秀的高年级本科生或研究生。这也是一支可以发挥巨大作用的队伍，在推进生涯教育工作中是必要的补充力量。这些学生可以结合自己学生时期的实践、研究体会，把自己在学习、专业认知、科学研究、社会服务等方面的成功经验传递给低年级学生。而且这支队伍来自学生群体，更了解学生的需求和困惑，更贴近学生，与学生的交流和沟通更加便利，对学生的思想引领和行动指导更有示范性，可以很好地挖掘。当然，这些学生在社会认知、职业认知和社会经验方面还存在一些不足，不能给学生全面系统的指导，但可以挖掘的潜力是巨大的，需要给予关注。

2. 加强职业生涯规划教育课程建设

课程建设是推进职业生涯规划教育的重要载体，根据当前课程建设存在的问题，在今后的课程改革中要更新理念，要突出人本教育理念、职业教育理念和终身教育理念。在课程的具体内容上，要结合专业特点和学生需求科学设置，既要有普及性的通识教育内容，也要有个性化的特殊内容。学校和学院层面要合理分工，学校层面做好生涯教育的通识类课程安排，学院层面要做好学业和专业教育的课程安排，两者要紧密衔接。在课程的具体内容上，要有明确的教学内容，把理论知识和实践活动充分结合，积极调动学生的参与意识。各高校还需结合学生群体的差异量身定制生涯教育课程，如针对少数民族学生的生涯教育课程、针对研究生的生涯教育课程、针对工科生的生涯教育课程、针对女生的生涯教育课程等，鼓励学院教师以项目申报的方式参与课程研究，给予必要的经费支持。高校在该课程建设过程中要突破传统的思维方式，一些共性的职业生涯规划和就业指导内容，可以采取高校联合、向社会公开征集、专家参与、与国外有关机构和专家合作等方式大胆改革创新。在课程设置中一定要安排实践课程的内容，这一环节也可结合专业实习、社会实践、社会调查等工作一起推进。对于个性职业规划指导内容，各高校及学院各专业可尝试自行编写教材和讲义，经过两到三年的积累逐步建立由高校、学院、专业系共同参与设计的职业生涯教育课程体系。

具体来讲，在不同年级开设的生涯教育内容也应该有所差异。一年级是学生的职业认知阶段。课程主要是职业生涯的基础教育，让学生认识到职业生涯教育的重要性，建立生涯发展、生涯规划的意识，结合专业特点开展专业教育，让学生了解专业与职业、行业、产业的关系，建立专业认同和专业自信。同时，开展适应性教育，帮助学生适应大学生活，积极参与集体活动，提高人际交往的能力，从被动学习转向主动学习，完成高中生到大学生的转变。

二年级是学生的职业探索阶段。课程可以围绕职业兴趣、职业性格、职业价值观、职业世界探索等内容开展。帮助学生拓展专业视野，分析职场环境，确定发展方向。同时可以安排生涯人物访谈、职业测评、兼职体验、实习见习的实践体验活动来加强课程教育。

三年级是学生的职业定位阶段。课程需要结合专业实际来进行深度引导，如职业道德修养、职业能力培养、职业规范等，对专业、职业的分析可以更加具体。还可以结合具体的职业进行分析，比如工程师的职业成长过程，临床医生的职业发展通道、教师职业能力素养提升、科研工作着的基本素质和能力等，给学生一些鲜活的案例帮助他们进行职业定位。这需要基层学院一线专业教师或经验丰富的学生工作者参与课程讲授。在课外鼓励学生查阅相关信息，收集与具体职业相关的信息，如专业资格认证考试、技能考试和考研的信息资料等。

四年级是学生的职业实现阶段。课程可以围绕就业政策、就业法规、就业流程、就业前准备、维权等内容来设置。结合专业实习，帮助学生建立良好的就业心理，树立信心，正确对待挫折失败。同时还要为学生建立终身学习的意识进行准备和铺垫。

建立完备的课程体系对于职业生涯规划教育来讲还远远不够，设计有效的课程评价体系也是至关重要的。课程评价主要对课程的合理性、可行性进行评价，其中课程实施应与课程价值相统一，课程构成各要素之间应该协调平衡互为支撑，职业生涯规划课程也不例外。目前高校职业生涯教育课程的评价方式几乎是缺失的，写一篇论文，交一份职业生涯规划报告，做一份测评就算是考核通过了，这种方式没法对教学效果、课程设置进行有效检验。还有的学校也采用闭卷考试的方式来检验教学的效果，这样虽然能够对学生掌握具体知识点进行考查，并且便于组织和开展，但不利于高校职业生涯教育课程的发展。考试的评价方式对学生进行的总结性评价实际上将教学与评价割裂开来，忽视了学生在教学过程的成长变化。职业生涯教育具有阶段性和过程性，可以采用对比实验的方法，对接受不同教育内容的学生进行比较，这需要专业团队结合课程进展定期对学生进行跟踪、调查、分析和访谈，也可以通过测评和实践活动来检验课程效果，但至少要经过一轮四年的时间来完成，这是一项长期而艰巨的任务，但意义重大。

（五）不断优化职业生涯规划教育教学方法和教学形式

《大学生职业生涯规划》课程是一门理论与实践紧密结合的课程，不仅有理论知识的传授，还要使学生通过学习更清楚地认识自己，了解职业世界，设定职业理想，并且有步骤地为实现理想而努力。为了达成这样的教学目标，我们在教学过程中要不断改进教学方法，采用多种教学手段，以提高教学效果和质量。

1. 课堂讲授

课堂讲授是传统的教学方法，也是传递生涯教育的主阵地，但是它可以在最短的时间内系统地介绍每一章节的重点内容，传递的知识量比较多，教师容易把控教学进度。在每章的开始和结束部分使用讲授法对本章知识进行概括和总结，能更好地帮助学生将知识条理化。

2. 案例教学

案例教学是职业生涯发展与规划课程中很重要的教学方法。用好案例法的关键在于：一是案例的选择；二是案例的呈现和师生互动过程案例的选择要有代表性，贴近学生的生活，能激发学生的兴趣。如学生感兴趣的名人，或者是他们身边的师兄师姐都是好的选择。学生可以从一个好的案例中借鉴很多宝贵的知识，甚至以此为榜样规划自己的职业生涯。案例的呈现和学生在分析案例过程中的参与程度则制约了案例教学的效果。在学校中可以邀请高年级的学生到课堂上分享他们的经历，回答同学的提问，也可以请知名人士来校讲座，或是播放一些成功人士的视频资料，让学生亲身感受，以增强案例的说服力。

3. 情景模拟训练和社会调查

情景模拟训练是根据学生的认知特点和规律，将教学的重点设计在实际的情境中，学习者亲身介入实践活动，运用自己的知识能力解决问题，体验和感悟情境，从中学习新知识的过程。在教学过程中可以使用角色扮演和模拟面试两种方法。也可以要求学生进行生涯人物的访谈，到相关企业、行业进行实地调研，组织不同的小组进行经验分享，拓展学生的知识和能力。

4. 举办职业生涯规划学术讲座

不同年龄阶段的大学生具有不同的心理特征，高校要根据学生的特点和需求，有针对性地举办内容和专题不同的职业生涯规划学术讲座，为大学生提供多层次、连续的、全方位的职业指导。一方面，高校要充分利用本校职业生涯规划、人力资源管理以及心理学等方面的专家和老师举办的相关专题讲座，普及职业生涯规划的基础知识；另一方面，可以邀请企业人力资源管理部门负责人、公司职业生涯规划指导师、创业成功人士及优秀校友等开设主题丰富的学术讲座和专题报告，让学生有机会直接了解具体职业的工作性质和内容，了解社会需求，便于更好地做好职业准备。甚至可以聘请大型企业的负责人或高级人事经理担任大学生职业生涯规划教育的名誉顾问，专门从企业的角度讲解企业需要什么样的人、如何顺利地从学生过渡到职场人、如何应对职场的人事关系和激烈竞争等，帮助大学生更好地适应社会的变化和需求。

5. 占领大学生职业生涯规划教育网络阵地开展教学

职业生涯规划教育服务网络化是生涯教育工作的发展趋势，高校要主动占领教育网络阵地，推进大学生职业生涯规划教育的网络化进程。①开展职业生涯规划网络教育。大学生职业生涯规划教育的专业教师人数非常有限，不能给每一个需要帮助的大学生提供咨询及指导，通过信息平台进行远程教育，运用网络教学形式，将来自社会和高校的职业生涯规划教育的专业教师聚集到一起，使每个大学生都能得到相应帮助，提高大学生职业生涯规划教育的实效性。②为大学生提供适应其个性和发展需要的在线职业测评和职业咨询服务。网络职业测评系统能够方便大学生随时随地地进行自我测评，更加客观地认识、评价自我。网络职业咨询服务能够建立起大学生和教育者之间的沟通桥梁，使职业生涯规划教育者及时了解大学生在择业、求职、职业生涯规划方面的困惑，及时给予指导。③搭建信息平台。通过网络信息平台，能够加强国内各高校甚至国际各高校的沟通与交流，共享资源，为大学生提供更全面的职业信息，引导大学生根据自身需求有选择性地利用网络资源，并且使教育网成为大学生之间交流经验的重要渠道。

（六）积极开展微职业生涯辅导活动，激发学生的能动性和生涯自信

根据在高校开展的调查和访谈工作发现，高校学生普遍存在职业生涯规划、团队合作意识淡漠；时间管理、人际沟通、自我管理能力欠缺；生活、学习、实践过程中比较懒散、主动性不够；课余时间花费在网络上的比例较高，部分学生很“宅”，不愿参加集体活动。时间久了这些学生往往就被边缘化，变得更加内向孤僻，非常不利于个人发展。为了更好地激发学生职业生涯规划意识，帮助学生建立自信，拓展能力，可以积极尝试微职业生涯的团体辅导活动。

微职业生涯辅导是以生涯理论为指导，在微职业导师的组织下，组建微生涯团队，设定微生涯目标，结合团队辅导的方式，让团队成员在规定的时间内完成既定生涯目标的互助体验式活动。活动的目的是帮助学生看见一个充满希望的彼岸，搭建一个通过彼岸的桥梁，构建一个相互支持的系统，实现一个力所能及的目标①。

微生涯的团体人数一般在 8～10 人，便于微职业导师顾及到每一个学生，活动时间一般不超过 3 周。团队的目标根据学生的实际来设定，目标要求具体、可操作、可评估。比如“连续 21 天坚持每天早上 8 点起床锻炼身体一小时”。可以围绕学习生活习惯养成、体育锻炼、汉语言学习、民族语言学习、职业素质提升、职业能力拓展等。参与学生可以是同质性团体，即团体成员面临同样的问题，或来自同类别的群体。也可以是异质团体，即身份不同，专业年级不同，可以是学生干部、普通学生、经济困难学生等。即一旦成员确定，目标确定，微生涯行动就可以具体实施，在这个团队中，每一个个体都会被完全接纳，不用担心自己因失败而被拒绝或伤害，团队所营造的氛围是相互支持、相互关系，携手共同去完成目标任务。

在活动实施过程中，导师要做好引导工作，要给学生更多的鼓励和支持，同时还要督促成员目标的达成。要注重团队的融合，挖掘个人和团队的潜力，让每个成员体验到经过努力后获得成功的幸福感。微生涯职业辅导可根据学生需求灵活设计方案，可以考虑学生生活习惯的养成、专业能力的提

---

① 张玉华. 微职业生涯模式辅导［J］. 生涯发展教育研究，2013（3）.

升、职业素质的培养等。操作简单易行、便于推广、效果明显。可以作为职业生涯规划教育必要的实践环节来激发学生的热情和主动性。

（七）挖掘高校“大数据”资源，开辟职业生涯规划教育的新途径

“大数据”是继云计算、物联网之后信息技术领域的又一次创新浪潮，是新时期的“数字石油”，是国家战略性基础资源，蕴藏着巨大潜力和能量，前景广阔。“大数据”是以容量大、类型多、存取速度快、应用价值高为主要特征的数据集合，正快速发展为对数量巨大、来源分散、格式多样的数据进行采集、存储和关联分析，从中发现新知识、创造新价值、提升新能力的新一代信息技术和服务业态。

随着高校服务管理工作信息化水平的提升，各个部门都保存了大量关于学生的数据信息，这些分散的数据如果能充分对接并完整保留，可以构建出学生的一个电子发展档案。在高校积极推进信息化工作，建立学生的职业发展电子档案，并对这些数据进行研究分析，将开启职业生涯规划教育新的时代。

大学生职业发展档案是指高校从事职业发展教育的组织根据学生专业特点和发展，运用信息化的技术和平台，在开展大学生职业发展教育工作中，形成的对大学生职业生涯成长和发展有价值的各种文字、图表及声像等不同形式全面记录学生个人成长的历史记录。其档案内容主要包括大学生对自我认知、职业世界和职业岗位认识，参加校内实训、校外社会实践情况，走访人才市场、职场人士和校友的心得体会文章，制订和修正自己的职业发展规划等。当然，统合学校各职能部门的信息后，学生从入学到毕业的整个大学生活周期，在各个信息系统中会留下包括选课、考试、成绩、考勤、缴费、评优、上网、消费、图书借阅、网络学习等信息资源，这些有价值的信息资源再和不同的学生群体、专业背景、年级差异、家庭环境、性别民族、生源地域等信息进行排列组合，再把毕业校友的信息进行对接，将构成一个庞大的学生职业发展信息库，从中我们可以提取不同的数据信息，用大量的数据建构起不同类别的学生成长模型，这对指导学生的职业生涯发展将具有重大意义。

美国学者皮尔和鲍尔松认为，“电子学档即故事，学生讲述自己的故事。

它是建构意义的工具，是学生通过已积累的经验建构意义的实验室。”我国通常称之为电子学档，或者称为子文件夹、电子作品或学习文件。在美国，有很多高校很早就开始陆陆续续地将电子学档应用于实际教学评价中。麻省理工学院和斯坦福大学将电子学档作为提高本校师生技术水平的一个主要途径，并为美国基层教育机构 EPAC（Electronic Portfolio Action Committee）试行电子学档提供指导和顾问。西密歇根大学要求修英语的初等教育技术专业学生建立自己的电子学档，展示学习成果和学习反思。

随着网络信息技术的不断升级，作为电子学档最重要的功能是对教育过程做了客观的、可信的、动态的描述，也给教育和受教育者提供了一个个鲜活个体的成长记录，改变了过去“一刀切”的教育评价趋向。企业和用人单位可以全方位了解学习者基本特征，学习者也可以根据自己的职业理想和人生目标不断积累自己的阅历和能力，更好实现自我成长。当前，智慧教育、智慧校园建设已经成为教育现代化建设的重点，以前数字化校园建设更多地关注信息技术手段，而在智慧校园阶段，我们可以凭借强大的数据信息推动职业生涯规划教育从“经验性指导”向“数据驱动型构建”转型。基于学生职业发展的电子生涯档案在我国高校还没有启动，因此有很大的发展潜力。由此看来，借助当前的信息技术，建立大学生成长发展电子档案，将为职业生涯规划教育带来全新的发展。

结 束 语

当社会发展到一定阶段，对人才资源的需求更加迫切和多元时，客观上要求有更加先进的教育理念和教育体系与之相适应，这样才能更好地推动社会转型，促进经济高质量发展。职业生涯规划教育是一种教育思想，也是一种育人理念，它关注每一个人的心智成熟、潜能提升和全面发展，是一项立足当下，预见未来，有价值、有意义的事业。

成功的经验告诉我们，职业生涯规划教育是一项涉及教育学、心理学、管理学、社会学等多个学科领域，与经济社会发展紧密相连。要做好大学生职业生涯规划教育工作，必须深刻领会教育的内涵和本质，要从人的发展和社会需求出发，遵循人的成长规律和教育工作的客观规律，不能急功近利，好高骛远。因为教育不是流水线，不是装配间，而是启迪心智、传播知识、塑造个性、创造未来的过程。教育不是线性的、单项的，而是多元的、交叉的。教育不是面向少数人的教育，而是面向大众的教育。教育要尊重每一个学生的个性，尊重每一个学生的需要。教育不仅要关注人当下的发展，更需要关注人的终身发展。古人的“因材施教”就是对人的尊重，对教育本身的尊重。高校作为人才聚集和人才培养的高地，需要把职业生涯规划教育工作融入到人才培养的全过程，要不断更新教育理念，完善教学方法，把思想引领和职业意识、职业行为、职业价值观贯穿教育教学的全过程，全面提高学生的职业素养和综合竞争力。

当前，我国高校的职业生涯规划教育还处于起步阶段，西方的经验和价值取向与我国的文化传统和历史沉淀还有很大的差异，在向他们学习经验的基础上，我们必须从实际出发，积极探索一条符合中国国情的生涯教育之路。相信随着经济社会的发展和教育改革的深入，职业生涯规划教育不仅在高校能得到长足发展，还能在高中教育、义务教育和幼儿教育的各个阶段和各个环节逐渐渗透，真正做到以人的发展为根本，最大限度地挖掘人的潜能，发挥每一个人的才华和智慧，实现我国从人力资源大国向人力资源强国的转变，更好地推动中华民族伟大复兴的中国梦的实现。

生涯是未来之学，因为生涯总是关乎未来。生涯也是应变之学，因为未来总是变幻莫测。成功不一定能带来幸福，除非成功是来自身心愉悦的追求。在生涯道路的发展过程中，人们对生涯规划的追求也越来越多，不再局限于传统生涯的格局，越来越多的人开始用多元化的视角和观点去看待问题、解决问题，满足人们对自我认知和职业规划的好奇。生涯之学必须跟随时代的脚步，为大家开拓更多的生涯视角。在全球化的竞争之下，有目标的人才能抗拒短期的诱惑，有目标的人才会坚定地朝着自己的方向前进，每个人只有找准自己的角色定位才能取得最大的成功。职业生涯规划教育的目标就是帮助每个人在纷繁复杂的社会找到自己的角色定位，做自己快乐的事。在这个帮助学生追寻快乐的事业中，需要你、我和大家的共同努力！

研究工作即将接近尾声，回首看看一路的经历感到很欣慰，同时也有些遗憾。欣慰的是在研究的过程中得到了很多高校领导、同行、同事和学生们的支持帮助，是他们给了我们很多力量，让我们在研究工作中收获了知识经验和诸多感动。遗憾的是在研究的过程中错过了几次深入调研的机会，没能把调研工作继续推向深入，这也许是留给今后继续开展生涯教育的机会，因为生涯是未来之学、应变之学，只有不断前进才能领悟其中的道理，解决其中的问题，我们愿继续前行，再接再厉！

最后，课题组的全体成员向在课题研究过程中给予我们大力支持的兄弟院校的领导、同事和各族大学生朋友们表示衷心的感谢！

祝大家身体健康！工作顺利！生活幸福！

《新疆高校职业生涯规划教育现状及对策研究》课题组

2020年12月

参考文献

蔡文博，张天祁．新疆高等教育均衡发展的区域差异研究——基于人口、GCP的视角［J］．高校教育管理，2015（4）．

曹虹．当前大学生职业生涯规划存在的主要问题及其对策探讨［D］．武汉：华中师范大学，2007．

常万里．大学生职业生涯规划存在的问题及对策研究［D］．北京：北京化工大学，2010．

范卓．我国大学生职业生涯规划中的问题及对策研究［D］．长春：吉林大学，2008．

何海燕．大学生就业指导中的思想政治教育研究［D］．重庆：西南师范大学，2004．

黄敏．大学生职业规划现状与对策研究［J］．中国大学生就业，2007（16）：118－119．

黄天中．生涯规划——体验式学习［M］．北京：高等教育出版社，2009．

蒋建荣，詹启生．大学生生涯规划导论［M］．天津：南开大学出版社，2005．

金树人．生计发展与辅导［M］．台北：天马文化事业公司，1989．

雷恩·吉尔森．选对池塘钓大鱼［M］．北京：机械工业出版社，2004．

李士营．大学生职业生涯规划中的思想政治教育体系建设研究［D］．开封：河南大学，2009．

李炫仪．长春市大学生职业生涯规划与思想政治教育相结合的问题研究［D］．吉林农业大学，2011．

李迎春．对我国大学生职业生涯规划的思考［J］．江苏高教．2011（1）．

里尔登．职业生涯发展与规划［M］．北京：中国人民大学出版社，2010．

连慧．大学生职业生涯规划现状分析及对策研究［D］．武汉：湖北工业大学，2011．

林超．大学生核心竞争力培育路径探析——基于高校就业指导模式的转换［J］．徐州工程学院学报（社会科学版），2012（6）．

林幸台．生计辅导的理论与实施［M］．台北：五南图书出版公司，1987．

刘景宏．高校大学生职业生涯规划教育存在的问题及对策［J］．创新与创业教育．2011（3）．

刘咏宝．大学生职业生涯规划存在的问题及对策研究［D］．武汉：华中师范大学，2007．

吕玮．大学生职业生涯规划现状及对策探析［J］．科教导刊（上旬刊）．2011（5）．

马博．新疆高等教育对区域经济发展的适应性分析［J］．青春岁月，2013（5）．

马磊．大学生职业生涯规划教育模式探讨［J］．山东省农业管理干部学院学报，2011（3）．

马萍，马杰. 新疆高等教育资源配置的现状及问题研究［J］. 兵团教育学院学报，2011（4）.
麦克·F·D. 扬. 知识与控制［M］. 上海：华东师范大学出版社，2002.
梅宪宾. 大学生职业生涯规划存在的问题及对策分析［J］. 教育与职业，2011（15）.
曲振国. 大学生就业指导与职业生涯规划［M］. 北京：清华大学出版社，2008：219.
孙婧菁. 大学生就业指导中的思想政治教育研究［D］. 长沙：湖南大学，2010.
孙天祥. 大学生职业发展与就业指导读本［M］. 北京：高等教育出版社，2008：186.
滕玉成，俞宪忠. 公共部门人力资源管理［M］. 北京：中国人民大学出版社，2003.
田蕾. 大学生职业生涯规划中存在的问题［J］. 出国与就业（就业版）. 2011（15）.
万杭. 论思想政治教育与大学生职业生涯规划的有效结合［D］. 武汉：武汉科技大学，2009.
汪晓芳，张春琴，蔡娟. 大学生职业生涯规划教育探析［J］. 中国成人教育，2010（24）.
文正建. 试论高校加强职业生涯规划教育的战略意义［J］. 中国大学生就业，2012（20）：14-18.
闫彩红. 以人为本构建大学生职业生涯规划教育体系［J］. 社科纵横. 2011（8）.
姚裕群. 职业生涯规划与发展［M］. 北京：首都经济贸易大学出版社，2003.
耶胡迪·巴鲁. 职业生涯管理教程［M］. 北京：经济管理出版社，2005.
曾义民. 浅谈新疆人才流失的思考与对策［J］. 中共伊犁州委党校党报，2013（1）.
翟玮. 中美两国大学生职业生涯规划的比较［J］. 职业时空，2013（7）.
张大均. 教与学的策略［M］. 北京：人民教育出版社，2003.
张菡. 全程化大学生职业生涯规划教育体制改进策略［J］. 苏州教育学院学报. 2011（1）.
张建仁. 建设丝绸之路经济带视域下的新疆高等教育发展［J］. 教育发展研究，2014（7）.
赵敏. 论大学生职业生涯规划中的思想政治教育［D］. 北京：北京交通大学，2007.
朱炎军，李爽. 高校人才培养框架下的职业生涯规划教育目标——兼论高校职业生涯规划教育的课程设置［J］. 教育发展研究，2012（13）.

图书在版编目（CIP）数据

新疆高校职业生涯规划教育现状及对策研究 / 曹辉，方忆主编. —北京：中国农业出版社，2021.3
ISBN 978-7-109-27977-3

Ⅰ.①新… Ⅱ.①曹… ②方… Ⅲ.①大学生—职业选择—研究—新疆 Ⅳ.①G647.38

中国版本图书馆 CIP 数据核字（2021）第 038102 号

中国农业出版社出版
地址：北京市朝阳区麦子店街 18 号楼
邮编：100125
责任编辑：赵 刚
版式设计：杜 然　　责任校对：赵 硕
印刷：北京中兴印刷有限公司
版次：2021 年 3 月第 1 版
印次：2021 年 3 月北京第 1 次印刷
发行：新华书店北京发行所
开本：720mm×960mm 1/16
印张：12.5
字数：210 千字
定价：68.00 元
